KB156162

문화와
역사를
담 다
○ ○ 9

삶의 멋과 여유를 찾다
누정 산책

사람의 멋과 여유를 찾다

누정 산책

김창현

민속원

들어서며

　우연과 필연. 이 책의 탄생 과정이 그렇다. 2018년 봄, '누정'에 대한 원고 제안을 받았다. 원래 쓰기로 했던 필자의 사정으로 다른 사람을 구하는 것이었다. 평소 같으면 언제까지? 원고 매수는? 여러 물음이 이어졌을 것이다. 하지만 제의를 듣는 순간 바로 "예"라는 대답이 튀어나왔다. 조건이나 상황은 그다음 문제였다. 누정은 이렇게 우연히 나에게 다가왔다.

　누정은 한국문화원연합회에서 문화체육관광부의 지원을 받아 지방문화원 원천콘텐츠 발굴지원 사업의 일환으로 웹서비스하는 여러 주제 중 하나이다. 그런데 한 사람이 6개월도 안 되는 기간에 100여 항목에 걸쳐 1,000매 정도의 원고를 작성해야 한다는 것이었다. 시간이 무척 촉박했다. 하지만 이상하게도 전혀 부담스럽지 않았다. 바로 집필할 누각과 정자를 선정하고, 목차를 구성했다.

　사실 다른 주제도 그렇지만 문화유산은 현장감이 무척 중요하다. 특히 누정이 그렇다. 누각과 정자는 산 좋고 물 좋은 경관이 빼어난 곳에 자리한다. 깊은 계곡이나 계류, 강과 호수, 해안가 등 들어선 자리도 누정마다 다 다르다. 누정의 위치를 보면 그 주인의 안목이나 품성을 느낄 수 있다. 그런 누정에 대해 가보지 않고 글을 쓴다는 건 상상할 수 없는 일이다.

　답사는 시간도 비용도 만만치 않다. 다행히 한국문화원연합회에서 비용의 상당 부분을 흔쾌히 지원해 주었다. 답사를 시작할 때는 써야 할 누정의 1/4 정도라도 다녀와야겠다는 생각이었다. 하지만 시간이 지나면서 욕심이 자꾸 늘어났다. 결국 이 책에 실린 누정은 직접 답사한 내용과 직접 찍은 사진들로만 꾸며졌다.

사실 나는 다른 유명 작가처럼 글을 쉽고 간결하게 쓰지 못한다. 또한 다른 유명 사진가만큼 사진도 잘 찍지 못한다. 글도 사진도 모두 부족하다. 하지만 장점도 있다. 다른 작가처럼 글은 잘 쓰지 못하지만 그런대로 볼 만한 사진을 찍을 줄 안다. 또한 유명 사진가처럼 사진을 잘 찍지 못하지만 그냥 읽을 만한 글을 쓸 줄 안다. 그래서 부족하지만 글과 사진이 따로 놀지 않는 나름의 장점이 있다고 마음의 위안을 삼고 있다.

신록이 파릇해지는 봄에 시작된 답사는 겨울까지 이어졌다. 혼자 하는 답사가 대부분이었지만 어떤 때는 가족이, 어떤 때는 후배가 동행했다. 말이 답사이지 실제로는 유격 훈련과 다름이 없었다. 1박 2일이든 2박 3일이든 매번 대학 강의가 없는 평일 새벽에 출발하여 밤늦게 서울에 도착하면 대체로 1,000㎞를 넘나드는 거리가 된다. 거리보다 여러 곳을 다녀야 하기 때문에 늘 마음과 걸음이 바쁘다. 그나마 동행자가 있으면 나은 편이다. 혼자 답사할 때는 끼니를 거르는 때도 많았다. 그런데 신기하게 몸은 고되고 힘들지만 마음은 항상 깃털처럼 가벼웠다.

나에게 답사는 늘 즐겁다. 특히 누정은 더 그렇다. 얼마나 눈이 호강하는지 모른다. 그리고 수많은 옛 선인들과 마주하며 여러 이야기를 나눈다. 거기에 그 고장에서 맛볼 수 있는 먹거리가 더해진다. 답사하면서 맛집 찾아다니는 재미가 쏠쏠하다. 거창 한우마을의 육회비빔밥, 함양 조샌집의 어탕국수, 임실 수복식당의 갈비탕, 안동의 문화갈비와 맘모스제과, 보길도의 바다양푼이동태탕. 생각만 해도 침이 고인다.

누정을 선정하고, 답사를 다니고, 원고를 쓰고, 사진을 정리하고, 책을 편집하는 과정은 즐거움의 연속이었다. 정말 행복한 시간이었다. 행운도 따랐다. 한국문화원연합회의 지원을 받아 쓴 웹서비스용 원고를 책으로 간행해도 좋다는 허락을 받았다. 이에 고맙게도 후배 김도환, 손균익 선생은 거친 글을 꼼꼼히 읽어주었다. 또한 부족한 글과 사진임에도 세상에 빛을 볼 수 있도록 민속원에서 흔쾌히 출간을 허락하고 깔끔하게 편집해 주었다. 이 자리를 빌려 홍종화 대표님과 김윤희 님을 비롯한 편집부 식구들에게 감사의 마음을 전한다.

이처럼 우연한 계기로 시작한 누정 원고가 1년 만에 아담한 책으로 출간되었다. 사실 누정은 오래전부터 관심을 가졌던 주제였다. 어쩌면 이 모든 과정이 우연을 가장한 필연이었는지 모른다. 원고 쓰기 전에 이미 다녀온 누정이 여러 곳이었다. 가족과 동행한 경우도 적지 않았다. 20여 년 전 어머님과 함께했던 영주 소수서원의 경렴정과 부석사의 안양루, 17년 전 하늘나라로 떠난 아내와의 마지막 여행지인 담양 소쇄원과 승주 선암사의 강선루, 이때의 빛바랜 사진도 이 책에 함께 실려 있다. 거기에 새로운 반려자와 다녀온 영덕 침수정과 봉화 청암정, 멀리 호주에서 다니러 온 아들과 함께한 보길도 세연정과 장성 요월정, 시간 없이 바쁜 딸과 같이 갔던 파주의 화석정 등 이 책에는 우리 가족 모두의 숨결이 배어 있다. 이처럼 '누정 산책'은 우연과 필연의 산물이자, 우리 가족에게 주신 하나님의 선물이다.

이 책에 실린 66곳의 누정은 우리나라의 누각과 정자를 대표한다. 이들 누정은 역사·문화·건축적 측면에서 남다르다. 들어선 자리도 다른 누정에 비할 바 아니다. 바람 소리, 물소리에 저절로 자연과 하나 되는 그런 장소들이다. 거기에 선인들이 남긴 여러 이야기와 시문이 더해진다. 누정은 옛 선인들에게 그랬던 것처럼 지금도 일상에 바쁜 우리들에게 마음을 순화시켜주는 공간으로 남아있다. 누군가 몇 사람이라도 이 책을 들고 누정에 오르는 바람을 가져본다.

2019년 봄날 김창현

III
서원 사찰의 누정

IV
사대부의 누정

삶의 멋과 여유를 찾다
누정 산책 | I

누정이란?

누정이란?

/ 누정의 의미와 역사

/ 누정의 분포

/ 누정의 유형

/ 누정의 기능과 용도

/ 자기만의 색깔이 있는 누정 이름

/ 누정의 역사가 담긴 누정기

/ 누정을 노래한 시 누정제영

누정樓亭은 누각樓閣과 정자亭子를 합쳐 부르는 말이다. 누각은 사방을 널리 바라볼 수 있도록 문과 벽 없이 다락처럼 높게 지은 집을 말한다. 정자도 사면을 벽 없이 터서 경관을 감상하도록 만든 집이라는 점에서 누각과 비슷하다. 다른 점이 있다면 누각에 비해 낮고 규모가 작은 편이며, 공적인 용도보다는 사적인 용도로 지어졌다는 점이다. 더러는 방을 드린 것도 있다. 일반적으로 누정이라 하면 삼척의 죽서루竹西樓·남원의 광한루廣寒樓, 보길도의 세연정洗然亭·담양의 식영정息影亭 같이 집의 이름에 '누樓' '정亭'자가 들어간 것을 말한다.

하지만 '누' '정'자가 안 들어간 이름의 집도 넓은 의미에서 누정의 범주에 넣기도 한다. 예컨대 '당堂' '대臺' '각閣' '헌軒'의 이름이 들어간 집이다. 광주의 환벽당環碧堂, 강릉의 경포대鏡浦臺, 제천의 응청각凝淸閣, 담양의 명옥헌鳴玉軒과 같은 경우이다. 이는 《신증동국여지승람新增東國輿地勝覽》 누정 항목에 '누' '정' '당' '대' '각' '헌'을 모두 포함하고 있는 것을 통해서도 알 수 있다.

그러면 휴식을 취하며 자연 경관을 즐기는 '누정'은 언제부터 시작되었을까.

우리나라의 누정에 관한 기록은 삼국 시대부터 나타난다. 《삼국유사三國遺事》를 보면 488년 정월에 신라 소지왕이 '천천정天泉亭'에 행차하였다고 하여 처음으로 누정의 명칭이 보인다. 《삼국사기三國史記》에도 500년에 백제 동성왕이 궁 동쪽에 '임류각臨流閣'을 짓고 이곳에서 신하들과 밤새도록 연회를 즐겼다고 기록되어 있다. 또한 636년 백제 무왕이 '망해루望海樓'에서 여러 신하들과 함께 잔치

를 벌였다는 기록도 있다. 이처럼 삼국 시대의 누정은 주로 왕실을 중심으로 조성되어 운영되었던 것을 알 수 있다.

고려 시대가 되면 누정은 왕실은 물론이며 지방의 관아 및 문벌귀족의 사적인 공간으로까지 확산된다. 《고려사高麗史》를 보면 누정에 관한 기록이 삼국 시대보다 자주 등장한다. 예컨대 1073년 문종이 평리역에 정자를 지었다는 기록이나, 1104년 숙종이 지금의 서울인 남경의 누정에서 유흥을 즐겼다는 기록, 1106년 예종이 '가창루嘉昌樓'에서 신하들과 시를 짓고 활쏘기를 하였다는 기록, 1157년 의종이 궁궐 옆 민가 50여 채를 헐어 '대평정大平亭'을 비롯해 여러 채의 누정을 지어 백성들이 매우 괴로워했다는 기록 등이 연이어 나타난다.

왕실의 누정과 함께 지방 관아의 객사에도 누각이 건립되는 경우가 많았다. 밀양 영남루와 진주 촉석루가 대표적인 예이다. 또한 누정은 문벌귀족이나 권문세족과 같은 개인의 누정으로 확대된다. 개인의 누정으로 대표적인 것은 《동문선東文選》에 보이는 이규보李奎報의 '사륜정四輪亭'과 '능파정凌波亭'이다. 이 외에도 《동문선》에는 안축安軸의 '취운정翠雲亭' 등 20여 편의 누정기가 기록되어 사적으로 건립

남원 광한루

영주 경렴정

된 누정이 많았던 것을 알 수 있다.

조선 시대가 되면 사대부의 사적인 누정이 급증한다. 조선의 지배 이데올로기인 성리학이 조선 중기 이후 사림士林을 통해 지방으로 확산되고, 네 번의 사화를 거치면서 지방으로 낙향한 여러 선비들에 의해 사적인 누정이 급격히 늘어나게 된 것이다.

1977년 간행된 『문화유적총람』에 등재된 전국 누정은 모두 569곳인데 이 가운데 양반 사대부의 누정이 많은 비중을 차지하고 있다. 이처럼 삼국 시대 왕실을 중심으로 운영되던 누정은 시간이 흐르면서 왕실·관아의 공적 누정은 물론 사대부의 사적 누정으로 크게 확대되었다.

밀양 영남루

광주 환벽당

담양 명옥헌

전남 담양 소쇄원 광풍각

누정은 전국적으로 얼마나 될까. 누정의 수는 시대에 따라, 지역에 따라 차이가 많았다. 왕실을 중심으로 조성된 삼국의 누정은 고려와 조선을 거치면서 사적인 누정으로까지 크게 확대되었다. 1454년(단종 2) 편찬된 《세종실록지리지世宗實錄地理志》에 의하면 조선 초기 전국의 누정은 57곳에 지나지 않았다. 그런데 1530년(중종 25) 편찬된 《신증동국여지승람》에 의하면 전국 885곳으로 크게 증가하였고, 1757~1765년 편찬된 《여지도서輿地圖書》에는 1,023곳, 19세기 말 편찬된 《읍지邑誌》에는 전국의 누정이 1,883곳으로 지속적으로 증가하고 있다.

《신증동국여지승람》에 보이는 전국 885곳의 누정을 분류하면 누각이 416곳, 정자가 365곳, 그 밖에 '당' '대' '각' '헌'의 집들이 104곳을 차지하고 있다. 누각은 정자와 달리 객사의 부속 건물이나 성루, 서원과 사찰 등에 세워져 조선 중기까지 공적인 성격의 누각이 제일 많은 것처럼 보인다. 하지만, '당' '대' '각' '헌'을 포함한 사적 성격의 정자가 469곳으로 절반 이상을 넘어서고 있다. 개인이 이용하는 사적 용도의 정자가 시간이 흐를수록 공적 용도의 누각을 상회하고 있는 것을 알 수 있다.

　누정의 전국적 분포 상황을 보면 영남과 호남 지역에 편중되어 있음을 알 수 있다. 특히 재지사족이 많았던 경상도 지역에 누정이 가장 많았다. 《신증동국여지승람》에 수록된 누정을 지역별로 나누어 보면 다음과 같다.

조선 중기 지역별 누정 분포

지역	경도(한양)	경기도	충청도	경상도	전라도	강원도	평안도	황해도	함경도	계
누정수	38	34	80	263	170	81	100	63	56	885
비율	4.3%	3.8%	9.1%	29.7%	19.2%	9.2%	11.3%	7.1%	6.3%	100%

　위에서 보듯이 전국 885곳의 누정 가운데 경상도가 가장 많은 263곳으로 29.7%를 차지하고 있다. 그 뒤를 이어 전라도가 170곳(19.2%), 평안도가 100곳(11.3%), 강원도 81곳(9.2%), 충청도 80곳(9.1%)의 순이 된다. 경상도와 전라도 지역이 다른 지역에 비해 압도적으로 많은 것을 알 수 있다.

　오래전부터 지어졌던 누정이 현재 전국적으로 어느 정도 남아 있는지는 확실히 알 수 없다. 전국의 누정 수를 정확하게 파악한 통계가 아직까지 작성된 바 없기 때문이다. 2015년 전남대 호남문화연구소에서 호남 지역의 누정을 대상으로 조사한 『호남누정 기초목록』을 보면 호남 지역에만 3,742곳의 누정이 있었다고 한다. 누정이 가장 많았던 영남 지역을 감안한다면 전국적으로 거의 10,000곳에 달하는 누정이 존재했을 가능성은 충분하다. 우리나라를 누정의 나라라고 해도 무방할 정도이다.

경북 안동 만휴정

전남 담양 식영정

경복궁 경회루

경복궁 향원정

　　누정은 누정을 소유·관리하고 즐기는 주체에 따라 크게 다음과 같이 분류할 수 있다. 첫째, 궁궐宮闕의 누정이다. 대표적으로 경복궁의 경회루慶會樓와 향원정香遠亭, 창덕궁의 주합루宙合樓와 부용정을 꼽을 수 있다. 왕과 왕족들이 즐기고 머무는 곳이기 때문에 다른 누정에 비해 더욱 심혈을 기울여 만들었다.

　　둘째, 관아官衙의 누정이다. 삼척 죽서루竹西樓·진주 촉석루矗石樓·남원 광한루廣寒樓·밀양 영남루嶺南樓와 같은 누정들이 대표적이다. 이들 누정은 객사客舍의 부속 건물이나, 읍성의 문루門樓 등으로 지어져 공적인 성격을 띠고 있다. 사적인 용도의 정자에 비해 훨씬 규모도 크고, 유명한 선비와 묵객이 남겨놓은 시문들이 가장 많이 남아 있다. 오랜 세월 동안 이어진 한국의 누정 문화, 선비 문화의 산실이라고 할 수 있다.

　　셋째, 서원書院의 누정이다. 서원은 조선 중종 때 처음으로 백운동서원白雲洞書院이 건립된 이후 전국으로 급속히 확산되었다. 서원이 늘어나는 추세는 사대부의 사적 누정이 늘어가는 추세와 꼭 닮아 있다. 서원은 사림이 진출하는 중종 때부터 시

창덕궁 부용정

작되어 조선 후기에 이르면 거의 1,000곳에 달했다고 한다.

　서원은 크게 선현에 제사 지내는 공간과 유생을 교육하는 공간으로 구분된다. 그런데 교육 공간의 입구에는 문루에 해당되는 누각이 세워진 경우가 적지 않다. 안동 병산서원의 만대루晩對樓, 함양 남계서원의 풍영루風詠樓와 같은 곳이다. 사방으로 탁 트인 이들 누각은 유생들이 주위 경관을 감상하며 휴식도 취하고, 때로는 토론을 벌이며 시문을 즐기는 장소로 활용되었다.

　넷째, 사찰寺刹의 누정이다. 사찰의 누정도 서원과 마찬가지로 누각이 대부분이다. 영주 부석사의 안양루安養樓, 완주 화암사의 우화루雨花樓와 같은 경우이다. 이들 누각은 사찰의 가장 중요한 장소이자 불상이 모셔져있는 대웅전이나 무량수전과 서로 마주하고 있다. 안양루는 무량수전과 마주하며 가깝게는 범종각과 같은 다른 전각을 내려다보고, 멀리는 소백산 자락을 조망할 수 있는 전망이 빼어난 곳에 자

❶	❹
❷	❺
❸	❻

❶ 삼척 죽서루　❹ 안동 병산서원 만대루
❷ 진주 촉석루　❺ 함양 남계서원 풍영루
❸ 남원 광한루　❻ 장성 필암서원 확연루

리 잡고 있다.

　다섯째, 사대부士大夫의 누정이다. 사대부의 누정은 고려 후기부터 시작되어 조선 중기 이후로 급속히 확대되었다. 궁궐·관아·서원·사찰 등의 공적 성격이 강한 누정과 달리 사적인 용도로 건립되어 누정마다 다양한 특징이 돋보인다. 누정 주인의 성품에 따라 그 위치도, 이름도, 모양도, 쓰임새도 다 다르다.

　사대부의 누정이 지어진 장소를 보면 정말 다양하다. ① 아름다운 자연 속에 집 한 채 들어선 듯한 보길도 세연정, 거창 요수정 같은 원림·명승의 누정이다. ② 산세가 좋고 맑은 물이 흐르는 곳에 자리 잡은 영덕의 침수정枕漱亭, 함양의 농월정弄月亭과 같은 계곡·계류의 누정이다. ③ 강가의 안동 고산정孤山亭, 호숫가의 강릉 해운정海雲亭, 해안가의 동해 해암정海巖亭 등과 같이 굽이굽이 흐르는 강이나 호수·해안가의 누정이다. ④ 경주 양동마을의 관가정觀稼亭·심수정心水亭 같이 마을과 가옥의 일부로 지어진 누정이다. 대부분의 누정은 경관이 빼어난 곳에 자리하고 있다. 어떻게 저런 자리를 발견하고 집을 지었을까 감탄이 나오는 누정이 너무나 많다. 이렇듯 다양성을 가진 양반 사대부의 누정은 진정 누정의 대명사라 할 수 있다.

❶	❷	❸
		❹
		❺

❶ 영주 부석사 안양루
❷ 완주 화암사 우화루
❸ 보길도 세연정
❹ 거창 요수정
❺ 동해 해암정

경복궁 경회루

누정의 기능과 용도

전국 방방곡곡에 세워졌던 누정은 어떠한 기능과 역할을 하였을까. 누정은 누각과 정자를 함께 일컫는 말이다. 둘 다 사방의 자연 경관을 감상하도록 만들었다는 점에서 공통되지만 그 용도와 성격에서는 차이가 있었다. 누각은 규모도 크고 공적인 성격이 큰 반면, 정자는 왕실이든 양반 사대부든 사적인 용도로 이용되었다. 그런 점에서 누정의 기능과 역할은 크게 누각과 정자로 구분할 수 있다.

누각은 대개 궁궐이나 관아, 서원과 사찰 등에 부속 건물로 세워졌다. 궁궐의 누각은 경복궁의 경회루, 관아의 누각은 삼척의 죽서루와 함양 함화루, 서원의 누각은 안동 병산서원 만대루와 함양 남계서원 풍영루, 사찰의 누각은 완주 화암사 우화루와 장성 백양사 쌍계루와 같은 것이 대표적이다.

이들 누각의 용도와 기능은 크게 세 가지로 나누어 볼 수 있다. 첫째는 손님을 접대하는 기능이다. 경회루는 외국 사신이나 왕과 대소 신료들이 모여 연회를 베푸는 장소였고, 죽서루도 감사·수령의 교체나 중앙에서 파견된 관리를 공식적으로 접대하는 곳이었다.

❶ 순천 선암사 강선루
❷ 밀양 영남루

둘째는 문루의 기능이다. 관아·서원·사찰의 누각은 사람들이 출입하는 입구에 세워진 예가 많다. 함양의 함화루, 병산서원의 만대루, 선암사의 강선루와 같은 경우이다.

누정 산책

셋째는 경치를 즐기고 감상하는 기능이다. 이름이 알려진 누각은 규모도 크고 빼어난 절경에 위치하고 있는 경우가 많다. 강물이 흐르는 깎아지는 절벽 위에 세워진 삼척의 죽서루와 밀양의 영남루가 대표적이다. 이들 누각에는 당대의 내로라하는 문인과 화가들이 남긴 발자취가 즐비하다.

그러면 정자는 어떠한 용도와 기능이 있었을까. 정자는 누각보다 규모는 작지만 위치도, 주인도, 모양도 다른 만큼 그 쓰임새가 다양하다. 이 같은 정자의 용도와 기능은 크게 네 가지로 나눠볼 수 있다. 첫째, 주위 자연 경관을 즐기며 휴식을 취하는 공간이다. 이는 왕실의 궁궐이든 양반 사대부의 원림·명승, 계곡·계류, 강·호수·해안, 마을·가옥에 딸린 정자든 모두 마찬가지다. 이들 정자들은 자연과 조화를 이루는 자리에 위치하여 세속의 때를 벗고 마음을 순화하는 공간이었다.

둘째, 선비들의 풍류와 친교의 공간이다. 물소리, 바람소리, 새소리가 합창하는 곳에서 의기투합한 선비들이 술 한잔하며 시도 짓고, 창도 하고, 세상사 비판도 하는 그런 장소가 정자였다. 담양 식영정에서 자주 어울리며 '식영정 사선四仙'으로 불리던 임억령林億齡·김성원金成遠·고경명高敬命·정철鄭澈은 〈식영정이십영息影亭二十詠〉을 남기기도 하였다.

셋째, 학문과 교육의 공간이다. 영조는 창경궁 함인정涵仁亭에서 신하들과 학문을 토론하였고, 광해군 때 오유립吳裕立은 청원의 월송정月松亭에서 유생을 가르쳤으며, 선조 때 학봉 김성일金誠一 형제는 안동 백운정白雲亭에서 학문을 연마하였다.

넷째, 종중이나 마을 사람들의 모임이 열리는 장소였다. 괴산의 모선정慕先亭은 청풍김씨 종중에서 세운 곳이고, 나주의 쌍계정雙溪亭은 나주정씨·하동정씨·서흥김씨·풍산홍씨 네 문중에서 대동계를 하던 곳이다. 마치 지금의 사랑방 같은 공동체 모임이 열리던 장소였던 셈이다.

❶ 담양 식영정
❷ 안동 백운정
❸ 나주 쌍계정

고산정에서 바라본 고산

거연정

　　어느 누정이든 자기만의 이름이 있다. 사람마다 각자 이름이 있듯이 말이다. 그런데 누정이든 사람이든 그 이름에는 특별한 의미가 담겨있다. 누정의 이름을 보면 그 누정의 특징이나, 그 주인이 살아왔던 삶의 과정과 추구하는 삶의 목표를 알 수 있다. 그래서 누정을 마주할 때는 맨 먼저 누정 이름을 유심히 살펴봐야 한다.

　　누정의 이름은 몇 가지 유형으로 분류할 수 있다. 첫째, 누정이 있는 주위 자연환경과 연계된 이름이다. 주변의 산·강·하천·호수에서 비롯된 명칭으로 예를 들면 안동 고산정孤山亭은 강 건너 자리한 고산에서, 강릉 경포대鏡浦臺와 춘천 소양정昭陽亭은 경포호와 소양강에서, 나주 쌍계정雙溪亭은 양쪽 계곡 사이라는 데서 따온 이름이다. 조선 초기의 이름난 재상 신숙주申叔舟는 누정 이름을 설명하면서 "거의 다 보이는 그대로의 의미를 취하였다"고 하였는데, 이런 경우가 제일 많다.

　　둘째, 달·구름·바다·바위 같은 자연 현상이나 동식물 이름에서 유래한 명칭이다. 함양 농월정弄月亭은 달, 함양 거연정居然亭은 수려한 자연, 강릉 해운정海雲亭은 바다와 구름, 삼척 해암정海巖亭은 바다와 바위, 창덕궁 부용정芙蓉亭은 연꽃, 경복궁 향원정香遠亭은 꽃향기에서 각각 유래된 이름들이다.

셋째, 사람의 이름이나 호號에서 따온 명칭이다.
양양 의상대義湘臺는 의상대사, 양양 하조대河趙臺는
하륜河崙과 조준趙浚의 성씨, 담양 송강정松江亭과 면앙
정俛仰亭은 정철과 송순宋純의 호에서 유래된 이름들
이다.

넷째, 한문 구절이나 역사적 사건에서 유래된
명칭이다. 담양 식영정息影亭과 안동 체화정棣華亭은
한문 구절에서, 담양 독수정獨守亭과 서울 세검정洗劍
亭은 고려 멸망과 인조반정에서 각각 유래되었다.

다섯째, 현재 자신의 상황이 반영된 명칭이다.
안동의 만휴정晩休亭은 '인생 늘그막에 쉬어가는 정
자', 옥천 독락정獨樂亭은 '홀로 즐거움을 누리는 정
자'라는 의미이다.

이처럼 누정의 이름은 그 누정만의 특징과 의미를 보여주고 있다. 그래서 누정
의 이름을 쓴 편액扁額이 중요하다. 누정 명칭을 한자로 쓴 편액은 그 건물의 얼굴과
같다. 마치 단독 주택의 대문에 걸려 있는 집주인의 문패와 같은 셈이다. 누정 이름
을 쓴 편액은 건물에서 제일 잘 보이는 장소에 걸려 있다.

편액은 다른 현판과 달리 글씨도 크고, 당대의 저명한 학자나 명필이 쓴 경우가
많았다. 영주 소수서원의 경렴정景濂亭은 퇴계 이황李滉, 동해의 해암정海巖亭은 우암
송시열宋時烈, 안동 백운정白雲亭은 미수 허목許穆, 안동 부나원루浮羅院樓는 석봉 한호韓
濩가 쓴 것이고, 창덕궁의 주합루宙合樓는 정조의 어필이다. 서체도 다양하다. 퇴계 이
황이 쓴 영주 경렴정은 해서체, 미수 허목이 쓴 안동 백운정은 전서체이다.

❶ 경렴정 편액
❷ 해암정 편액
❸ 부나원루 편액
❹ 백운정 편액
❺ 의상대
❻ 독수정
❼ 만휴정

강릉 해운정

누정기 樓亭記

오래된 누정에는 편액扁額과 현판懸板이 많이 걸려 있다. 편액은 누정의 이름을 쓴 액자를 말하기도 하지만, 넓은 의미에서 편액은 누정기樓亭記·누정제영樓亭題詠과 같은 현판 모두를 포함한다. 멀리서 누정을 바라볼 때 먼저 눈에 들어오는 것은 누정 이름을 쓴 편액이다. 가장 중요한 만큼 큰 글씨로 누정 건물 입구의 가운데 처마 밑에 나무판의 형태로 걸려 있다. 누정에 올라서면 작은 글씨의 한문으로 빼곡히 적힌 '누정기'를 비롯하여 한시漢詩로 노래한 '누정제영'이 걸려 있다.

누정기는 누정 건축과 관련된 내용과 일화들을 한문 산문으로 기록한 것이다. 나중에 그 누정을 고친 경우에는 '누정중수기樓亭重修記'를 기록하기도 한다. 누정기는 누정을 지은 이유와 건축적 의미를 담고 있기 때문에 주인의 철학과 됨됨이를 알 수 있다. 뿐만 아니라 널리 알려진 누정의 경우 그곳을 다녀간 여러 사람들이 자신의 느낌과 감상을 기록하고 있어 역사적 의미에 문학적 의미가 더해진다.

누정기는 오래전 고려 시대에 작성된 것이 남아 있다. 목은 이색李穡은 〈영광신루기靈光新樓記〉에서 "누에 머무르는 것은 답답함을 풀고 정신을 상쾌하게 한다. 보

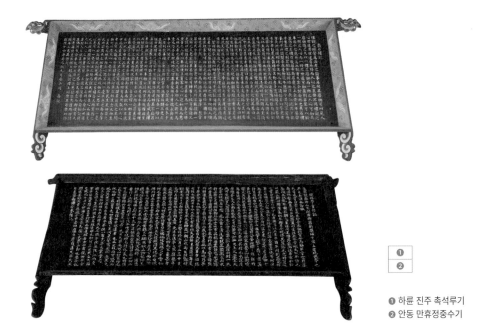

❶
❷

❶ 하륜 진주 촉석루기
❷ 안동 만휴정중수기

기 좋을 뿐 아니라 사람에게 유익함이 있다"고 했다. 요즘 경관 좋은 자연을 찾아 몸과 마음을 재충전하는 것과 다르지 않다.

　조선 시대 하륜河崙도 〈촉석루기矗石樓記〉에서 누정에서 바라보는 아름다운 경관과 감회를 잘 묘사하고 있다.

　　촉석루의 규모는 크고 활짝 트여 시야가 멀리 펼쳐진다. 긴 강이 촉석루 아래로 흐르고 여러 산봉

　　우리가 늘어서 있다. 여러 민가와 들녘이 그 사이로 아른거리며 푸른 절벽과 긴 모래톱이 연이어

　　져 있다.

　하지만 이러한 누정 문화에 대한 당대의 비판도 있었다. 누정의 기능과 역할을 극찬했던 고려 시대 이규보李奎報는 자신의 〈능파정기凌波亭記〉에서 "일반 사람들이

안동 만휴정

권세 있고 부유한 귀족들이 누정에서 누리는 호사스러움을 비난"하는 것을 잘 알고 있다고 하였다. 조선 시대 안노생安魯生도 〈합천징심루기陜川澄心樓記〉에서 "누정을 너무 호화롭게 지어 분수를 잃고 사치가 심하면 안 된다"고 경계하는 글을 남겼다.

　　누정기는 이처럼 유명한 인물이나 널리 알려진 누각에 대한 글만이 있는 것이 아니다. 오히려 평범한 사대부의 주옥같은 글들이 훨씬 더 많다. 1790년(정조 14) 김양근金養根이 지은 〈만휴정중수기晚休亭重修記〉에서 "세 번째 가마가 있는 곳에 정자를 지었으니, 산과 계곡이 어우러져 하나의 천지를 이루었다. …… 송암폭포가 있는 만휴정에서 더러운 말을 들었던 귀를 씻으려고 한 것이지, 아름다운 경치만을 감상하려는 뜻은 아니었다"며 만휴정의 아름다운 경관 묘사는 물론이고, 연산군 때 낙향하여 이런 자리에 누정을 지은 김계행金係行의 사람됨과 건축적 철학까지 묘사하였다.

남원 광한루 현판

누정을 노래한 시

누정제영

樓亭題詠

누정에서 서로 친교를 나누고 풍류를 즐기면서 남겨 놓은 대표적인 문학작품이 누정제영樓亭題詠이다. 누정제영은 일반적으로 누정에서 지은 한시漢詩를 말한다. 한시 말고도 국문으로 지은 시조나 가사 같은 문학작품도 있으나, 양반 사대부 문인들이 지은 한시가 거의 대다수를 차지한다. 《신증동국여지승람》 제영조에도 누정제영의 한시들이 여러 편 수록되어 있다. 누정제영 작가로는 고려의 이규보李奎報·안축安軸·김극기金克己·이곡李穀·이색李穡 등과 조선의 권근權近·서거정徐居正·성현成俔·이황李滉·이이李珥 등이 대표적이다.

경관이 빼어나고 오래된 누정에는 많은 시문이 전해진다. 강원 지역의 삼척 죽서루와 강릉 경포대, 영남 지역의 진주 촉석루와 밀양 영남루, 호남 지역의 남원 광한루와 같은 경우가 대표적이다. 이들 누각에 올라서면 누정기는 물론이고 한시로 지은 누정제영 현판이 여기저기 눈에 띈다. 진주 촉석루의 시문을 다 모으면 모두 400편이 넘는다고 한다.

이들 누각은 절경 중의 절경에 자리한다. 따라서 한 시대를 풍미했던 학자나 시인들은 자신이 느낀 감흥을 남기고 싶어 했다. 율곡 이이도 삼척 죽서루에 들렀다가 다음과 같은 시를 남겼다.

誰將天奧敞華樓　하늘이 감추려는 곳에 아름다운 누각 세웠고

石老星移不記秋　돌이 늙고 별자리 옮겼는지 지난 세월 알 수 없네.

野外千鬟浮遠岫　들녘 너머 수많은 산들 사이로 봉우리 떠있고

沙邊一帶湛寒流　모래사장에는 한줄기 맑은 물이 흐르누나.

騷人自是多幽情　시인은 본래 남모를 한이 많다지만

淸境何須惹客愁　깨끗한 이곳에서 어찌 나그네 근심 일으키리.

會撥萬緣携簏簏　온갖 인연 떨쳐버리고 긴 낚싯대 들고서

碧崖西畔弄眠鷗　푸른 절벽 서쪽 물가에서 졸고 있는 갈매기와 놀아보세.

영남 지역을 대표하는 누각인 밀양의 영남루도 마찬가지다. 영남루에는 신숙주申叔舟의 누정기를 비롯하여 이숭인李崇仁·김종직金宗直 등 저명한 유학자들의 한시가 많이 남아 있다. 절경에 자리한 누정에서 아름다운 풍광을 보고 있자면 우리 같은 일반 사람이라도 시 한편 남길 듯하다. 그 가운데 김종직의 시를 들어 본다.

檻外澄江百頃雲　난간 밖의 맑은 강 긴 이랑의 구름

畫船橫渡皺生紋　그림 같은 배가 지나니 주름살 무늬 생기네.

晚來半醉撑篙看　해저물녘 반쯤 취해 삿대에 버티고 보니

兩岸靑山更十分　양쪽 언덕 푸른 산이 한층 더 분명하구나.

이러한 감흥은 사대부들이 거처하던 정자도 다르지 않다. 특히 전남 담양 인근에는 양산보의 소쇄원瀟灑園을 비롯한 임억령의 식영정息影亭·송순의 면앙정俛仰亭·

정철의 송강정松江亭 · 김윤제의 환벽당環碧堂 등 여러 정자들이 인접해있다. 이들은 서로 왕래하면서 그곳의 감흥을 노래한 한시를 많이 남겨놓았다. 대표적으로 조선 중기의 학자 김인후金麟厚는 소쇄원의 풍광을 노래한 〈소쇄원사십팔영瀟灑園四十八詠〉을 남긴 바 있다. 김인후의 《하서선생전집河西先生全集》에 실려 있는 '소쇄정瀟灑亭' 시를 옮겨 본다.

空翠輕吹面	신선한 바람은 얼굴에 가볍게 스치고
懸流淨洗心	저 멀리 흐르는 물은 마음을 씻어주네.
花風香谷口	향내 나는 꽃바람은 골짜기에 퍼지고
雪月霽山陰	눈과 달은 산 응달에 맑게 개었구나.
自領閒中趣	스스로 한가한 가운데 취미를 더하니
何關病裏吟	병든 몸에 읊조려도 무슨 상관있으리.
池塘夢已久	학문을 이루려던 꿈은 이미 오래되었고
回首變鳴禽	돌아보니 우는 새마저 바뀌었네.

송순의 면앙정도 빼놓을 수 없다. 송순은 말년을 면앙정에서 지내면서 임억령 · 김인후 · 고경명 · 정철 등에게 시를 가르치며 호남 제일의 가단歌壇을 이끌었던 인물이다. 면앙정을 노래한 그의 시를 들어보면 자연을 유유자적 즐기는 모습이 잘 느껴진다.

俛有地仰有天	굽어보니 땅이요 올려보니 하늘이라
亭其中興浩然	그 안에 정자 지으니 호연지기 일으키네.
招風月揖山川	풍월도 부르고 산천도 청해 보자
扶藜杖送百年	명아주 지팡이 짚고 한 평생 보내리라.

❶ 남원 광한루
❷ 삼척 죽서루
❸ 죽서루 율곡 이이 시판

❶ 담양 식영정
❷ 임억령 식영정이십영

❶ 담양 면앙정
❷ 송순 면앙정가

삶의 멋과 여유를 찾다

누정 산책 | II

궁궐 관아의 누정

궁궐의 누정

/ 누정 가운데 유일한 국보 경복궁 경회루

/ 정조와 실학자가 만나던 창덕궁 주합루

/ 누정의 꽃 창덕궁 부용정

누정 가운데 유일한 국보

경복궁 **경회루**

景福宮 慶會樓

경회루는 근정전과 더불어 경복궁을 대표하는 건축물이다. 두 건물 모두 국보이다. 우리나라 누정 가운데 밀양의 영남루, 남원의 광한루 같이 보물로 지정된 누각이 있지만 국보로는 경회루가 유일하다. 그만큼 경회루는 다른 누각과 그 격이 다르다. 조선의 수도 중심에 위치한 법궁法宮에 자리한다는 상징성은 물론이고, 그 규모나 건축적 철학까지 남다르다.

경회루가 처음 지어진 것은 1412년(태종 12)이다. 태조 이성계의 한양 천도와 함께 1395년(태조 4)에 완공된 경복궁에는 작은 규모의 누각이 있었다. 이후 이 누각이 쇠락하자 태종은 공조판서 박자청朴子靑을 시켜 연못을 파고 이를 크게 증축하였다. 박자청은 미천한 신분으로 재상의 반열에 오른 입지전적인 인물로 종묘, 창덕궁, 성균관 문묘, 태조 건원릉, 살곶이다리 등을 건설한 조선 시대 최고의 건축가였다.

경회루에는 그 규모만큼이나 남다른 건축적 철학이 담겨 있다. 누각이 완성되자 영의정부사 하륜河崙이 '경회루慶會樓'라 이름을 지었고, 당시 세자였던 양녕대군은 커다란 편액을 썼다. 특히 하륜은 태종의 명을 받고 〈경회루기慶會樓記〉를 지었는데,

❶ ❷   ❶ 근정전
        ❷ 경회루

이를 살펴보면 그 안에 담긴 건축적 의미를 확인할 수 있다. 그 일부를 옮겨 본다.

터를 튼튼히 다지고 깊이 땅을 파서 습기를 없앤 것은 넓은 터를 견고하게 하려는 것이고, 대들보와 주춧돌을 우람하게 만든 것은 무거운 짐을 지는 것이 빈약해서는 안 되기 때문이며, 자잘한 재목을 구비한 것은 작은 일을 맡은 자가 큰일을 해서는 안 되기 때문입니다. 처마의 기둥을 탁 트이게 한 것은 총명을 넓히려는 것이고, 섬돌을 높게 쌓은 것은 위계를 엄하게 하려는 것이며, 내려다보면 아슬아슬하게 한 것은 경외심을 갖게 하려는 것이고, 사방이 빠짐없이 다 보이게 한 것은 포용을 숭상한 것입니다.

태종 때 건축된 경회루는 근정전과 함께 경복궁의 중심 건물이 되었다. 근정전에서는 국왕의 즉위식이나 대소 신료의 조회朝會가 진행되었고, 경회루에서는 국가

56

의 큰 경사를 축하하는 잔치가 열렸다. 태종은 경회루의 건립 목적에 대해 다음과 같이 명쾌하게 이야기한 바 있다. "내가 이 누각을 지은 것은 중국 사신에게 잔치를 베풀거나 위로하는 장소로 삼으려는 것이지, 내가 놀거나 편히 쉬려는 것이 아니다"라는 것이다.

　이후 경회루는 외국 사신을 접대하는 연회 장소로 많이 이용되었다. 외국 사신의 눈에도 경회루는 경이로운 모습이었다. 조선 후기의 문신 이유원의 《임하필기林下筆記》에는 1471년(성종 2) 유구국琉球國의 사신이 경회루 돌기둥에 새겨진 비룡飛龍이 푸른 물결과 붉은 연꽃 사이에 거꾸로 비치는 것을 보고 크게 감탄했다는 기록이 전한다. 《성종실록》에서도 "돌기둥에 새겨진 구름·용·화초들의 형상이 지나치게 화려하다"고 기록하고 있다. 이처럼 외국 사신의 연회에 주로 사용되던 경회루는 때로는 왕실의 가족이나 군신이 모여 잔치를 베푸는 장소로 이용되거나, 때로는 국가의 인재를 선발하는 문·무과의 시험장으로 활용되기도 하였다.

그러나 이와 같은 조선 초기의 명소 경회루는 임진왜란 당시에 모두 불타버렸다. 경회루의 당시 모습은 겸재 정선鄭敾이 그린 〈경복궁〉 그림을 통해 일부나마 짐작할 수 있다. 울창한 나무숲 앞의 연못가에 돌기둥만 덩그러니 남아있는 모습이다. 아울러 1609년(광해군 1)에 쓰인 지봉 이수광李睟光의 〈차경회루次慶會樓〉라는 시를 보면 지금과 달리 연못에 세 개의 섬이 있었던 것을 알 수 있다.

현재의 경회루는 1867년(고종 4) 흥선대원군이 경복궁을 중건할 때 새로 지은 것이다. 새로운 경복궁의 중심 건물도 역시 근정전과 경회루였다. 두 건물 가운데 경회루에 동양의 철학적 의미가 보다 잘 반영되었다. 경회루는 정면 7칸 측면 5칸의 팔작지붕으로 2층 누각의 형태이다. 1층은 돌기둥으로, 2층은 나무기둥으로 만들었다. 돌기둥은 24개의 원기둥과 24개의 네모기둥으로 이루어져 있다. 24개의 기둥은 입춘·동지와 같은 24절기와 십간십이지十干十二支를 상징한다.

또한 경회루의 돌기둥은 하늘은 둥글고 땅은 네모지다는 '천원지방天圓地方'의 우주 원리에 근거하여 세워졌다. 땅을 상징하는 24개의 네모기둥은 바깥쪽으로, 하늘을 의미하는 24개의 원기둥은 안쪽으로 세워져 있다. 1층의 바닥도 땅을 상징하는 바깥쪽 네모기둥보다 하늘을 상징하는 원기둥 자리를 조금 높게 만들었다.

2층의 누마루도 동양 철학을 바탕으로 건축되었다. 누마루 공간은 세 부분으로 구분된다. 외진外陣, 내진內陣, 내내진內內陣이다. 가장 안쪽에 내내진이 있고, 내내진을 내진이, 내진을 외진이 둘러싸고 있는 형태이다. 누마루의 높이도 각기 다르다. 내내진이 가장 높고 외진이 가장 낮다. 내내진의 가장 안쪽이 왕이 앉는 자리이다. 세 공간 사이에는 사분합문四分閤門이 달려 있다. 문을 모두 내리면 세 공간이 완전히 차단되고, 문을 모두 열어 올리면 전체 공간이 트이는 구조이다. 1865년(고종 2) 경회루 신축을 위해 작성한 정학순丁學洵의 〈경회루삼십육궁지도慶會樓三十六宮之圖〉를 보면 내내진 3칸은 천지인天地人을, 내진 12칸은 1년 12달을, 전체 문짝 64개는 《주역》의 64괘를, 그리고 외진을 둘러싼 24개의 창은 24절기를 상징하여 만든 것을 알 수 있다.

경회루의 최고 비경은 창을 통해 바라보는 풍경이다. 경회루에는 기둥 사이마다 대형 액자와 같은 역할을 하는 낙양각洛陽閣이 설치되어 있다. 24절기와 같은 24개의 액자가 있는 셈이다. 낙양각을 통해 바라보이는 풍광은 고급 액자에 담긴 명화 이상으로 아름답다. 눈을 돌리는 곳마다 그림이다. 가깝게는 근정전을 비롯한

여러 전각과 경회루 연못이, 조금 멀리는 인왕산·북악산·남산이 멋진 액자에 담긴다. 액자 하나로 즐길 수도 있고, 여러 폭의 병풍으로 즐길 수도 있다. 햇살이 좋은 이른 아침 낙양각 사이로 보이는 아름다운 풍광은 말로 표현하기 어렵다.

창덕궁 하면 먼저 떠오르는 것은 자연 경관이 아름답기로 유명한 후원後苑이다. 후원 가운데도 가장 경치가 좋은 곳은 주합루宙合樓와 부용정芙蓉亭이 있는 공간이다. 부용지芙蓉池를 사이에 두고 주합루와 부용정이 서로 마주 보고 있다. 경복궁 경회루와 마찬가지로 창덕궁의 주합루와 부용정은 사시사철 아름다운 경관을 연출한다. 창덕궁을 찾은 사람들이 가장 오래 머무는 공간이다. 언제 가도 아늑하고 마음을 편하게 해준다.

창덕궁은 1405년(태종 5)에 건축된 이궁離宮이다. 궁궐은 법궁法宮과 이궁의 양궐兩闕 체제로 운영된다. 반란이나 화재와 같은 만약의 사태에 대비한 것이다. 임진왜란으로 경복궁이 불타기 전까지는 경복궁이 법궁, 창덕궁이 이궁이었다. 경복궁과 창덕궁의 건축물을 비교하면 경복궁이 훨씬 규모가 크고 공력을 더 들인 것을 알 수 있다. 정문인 광화문과 돈화문, 정전인 근정전과 인정전의 규모와 양식을 비교하면 금방 알 수 있다. 하지만 예나 지금이나 사람들은 자연 경관과 어우러진 창덕궁을 더 좋아한다. 왕들도 그랬다. 경복궁보다 창덕궁에 머무는 시간이 훨씬 많았다.

주합루는 1776년 정조의 즉위와 함께 지어진 건물이다. 정조는 즉위하자마자 부용지 언덕 위에 2층 누각을 짓고 아래에는 '규장각奎章閣', 위에는 '주합루宙合樓'라는 편액을 걸었다. '주합宙合'이란《관자管子》〈주합편〉에서 따온 것이다. 위로는 하늘에 통하고 아래로는 땅과 통하여, 온 세상과 하나가 된다는 의미이다. 두 편액 중 '규장각'은 숙종이, '주합루'는 정조가 직접 쓴 것이다. 규장각은 왕실 도서관이고, 주합루는 열람실이었다. 하지만 규장각과 주합루가 단순히 서고의 기능만 한 것은 아니었다. 이곳은 세종 때 학문과 정치를 주도했던 집현전을 닮고자 한 곳으로 정조 연간 당시 문예부흥의 산실이었다. 정조는 정약용·이덕무·채제공 등 내로라하는 학자들과 이곳에서 학문과 정치를 논하며 여러 개혁 정책을 추진하였다.

1779년(정조 3) 가을날 정조는 후일 실학자로 이름을 날린 이덕무·유득공·박제가 등 여러 신하들에게 주합루 일대를 노래한 〈규장각팔경시奎章閣八景詩〉를 짓게 하였다. 이때 이덕무의 시가 장원으로 뽑혔다. 다음은 이덕무가 주합루 일대의 사계절을 노래한 8경시의 제목이다. 등장하는 여러 건물 중 현재는 그 바로 곁에 위치한 서향각과 희우정만이 남아 있다.

봉모당奉謨堂의 은하수 / 서향각書香閣의 연꽃과 달 / 규장각에서 선비를 시험하다

불운정拂雲亭에서의 활쏘기 / 개유와皆有窩의 매화와 눈 / 농훈각弄薰閣의 단풍과 국화

희우정喜雨亭의 봄빛 / 관풍각觀豐閣의 추사秋事

주합루는 정면 5칸 측면 4칸의 팔작지붕으로 2층 누각의 형태이다. 아래위층 모두 정면 3칸 측면 2칸의 방을 드리고, 그 둘레에 마루가 놓인 구조이다. 주합루도 방에 분합문을 달아 들어 올리면 전체가 마루가 된다. 전망을 좋게 하려고 석재로 기단을 높게 쌓아 마치 3층처럼 보인다. 기단 위에 나무기둥을 세우고 아래위 난간에 계자 난간을 둘렀다. 모든 기둥이 아래위층을 하나로 연결하는 통기둥이다. 경

복궁 경회루의 돌기둥과 마찬가지로 '천원지방天圓地方'의 원리가 적용되었다. 바깥 기둥은 땅을 상징하는 네모기둥이고, 안에 있는 기둥은 하늘을 상징하는 둥근기둥이다.

주합루 앞으로는 4단의 꽃 계단이 있다. 첫 계단 위에는 중앙에 어수문魚水門과 그 양옆에 두 개의 낮은 문이 있다. '어수문'이란 이름은 왕을 물에, 신하를 물고기에 비유하여 지은 것이다. 그 옆의 낮은 문에는 신하들이 출입할 때 머리를 숙이고 다니라는 의미가 담겨 있다. 세 개의 문에 연이어 담장 역할을 하는 취병翠屛이 설치되어 있다.

창덕궁 후원으로 들어서면 가장 먼저 보이는 주합루의 풍경은 사계절 내내 매우 아름답다. 특히 주합루의 2층 누각에서 바라보는 경치는 경회루 이상이다. 경회루는 액자 역할을 하는 낙양각洛陽閣을 통해 보이는 풍광이 빼어나다. 그에 반해 주합루의 액자는 곡선으로 구성된 낙양각과 달리 직선과 곡선의 형태가 함께 어우러진다. 따라서 보는 각도에 따라 액자의 틀이 다 다르게 보인다. 거기에 눈부시도록 아름다운 후원의 모습이 담긴다. 발아래로 한눈에 보이는 부용정과 부용지의 풍경은 주합루에서 볼 때 가장 빛이 난다. 학문과 정치를 논하다가 사각기둥에 기대어 자연 경관을 즐기며 담소를 나누던 정조와 당대의 젊고 패기 넘친 실학자들의 모습이 그려진다.

조선 시대 궁궐의 누정 가운데 가장 아름다운 곳을 꼽으라면 단연 창덕궁의 부용정이다. 창덕궁의 후원에 들어서면 가장 먼저 영화당映花堂이 맞아 준다. 영화당 너머로 어수문과 주합루가 있고, 몇 걸음 더 지나면 좌측으로 부용지가 보인다. 부용지 너머에는 비각이 있고, 좌측으로 눈을 돌리면 아담하고 예쁜 부용정이 사람들의 마음을 사로잡는다.

부용정은 그야말로 부용지의 화룡점정畵龍點睛이다. 창덕궁 후원에는 부용지를 중심으로 동쪽으로 영화당, 서쪽으로 비각, 북쪽으로 주합루, 남쪽으로 부용정의 네 건물이 들어서 있다. 그중 부용정의 풍경이 가장 멋지다. 부용지에도 '천원지방 天圓地方'의 원리가 적용된다. 네모난 모양의 부용지에는 소나무가 우뚝 선 둥근 모양의 섬이 있다. 네모난 연못은 땅을, 둥근 섬은 하늘을 상징한다.

부용정의 원래 이름은 택수재澤水齋로 1793년(정조 17)에 숙종 때 지어진 건물을 개수하면서 이름을 바꾸었다. 정조가 그 건너편에 자리한 주합루를 지은 지 17년 뒤의 일이다. 정조가 주합루와 부용정 일대에 얼마나 애착을 가지고 있었는지는 여

러 기록을 통해 알 수 있다. 《홍재전서弘齋全書》에는 부용정을 개수할 때 정조가 직접 지은 상량문이 실려 있다. 부용정이 완공된 후에는 이곳에서 잔치가 자주 열렸다. 정조는 여러 신하들과 함께 주합루에 어진御眞을 모신 후 부용정에 내려가 꽃구경을 하며 낚시를 즐기곤 했다. 당시에 정조는 흥에 겨워 다음과 같은 시를 남겼다.

此筵元氣會	이 자리에 온 정기가 다 모였으니
今日一家春	오늘은 온 집안이 봄과 같구나.
花木重重合	꽃나무는 겹겹이 섞여 있고
池塘灩灩新	연못 물은 출렁출렁 싱그럽네.
諸君皆地密	여러 사람이 모두 가까이 있으니
微醉亦天眞	약간 취하는 것도 자연스럽구나.
小棹齊乘興	작은 노 저으며 모두 흥에 겨워
宮林待月輪	궁궐 숲에 달뜨기만 기다리네.

다산 정약용丁若鏞도 1795년 연회에 참석하여 〈부용정시연기芙蓉亭侍宴記〉를 지었다. 다음은 그 내용의 일부이다.

부용정에 이르러 상께서는 물가의 난간에서 낚싯대를 드리웠다. 여러 신하들도 연못 주위에 앉아 낚싯대를 드리우고 고기를 잡아 통 안에 넣었다가 모두 다시 놓아주었다. 상께서 여러 신하들에게 배를 띄우라고 명하고 배 안에서 시를 지었다. 정해진 시간에 시를 짓지 못한 사람은 연못에 있는 조그만 섬에 내려놓기로 하였다. 몇 사람이 섬에 갇혔다가 나왔다. 또 잔치에서 취하고 배가 부르도록 먹었다.

부용정만큼 아담하고 아름다운 누정은 찾아보기 쉽지 않다. '부용芙蓉'이란 '활짝 핀 연꽃'을 말한다. 하지만 부용정은 만개한 연꽃보다 더 우아하고 아름답다. 부용정은 십자형 건물로 중앙의 한 칸 방에 동서남북으로 누마루가 한 칸씩 더해진 모습이다. 네 면의 지붕도 모두 팔작지붕으로 어느 방향에서 봐도 비슷하다. 지붕의 네 면이 모아지는 곳에는 호로병 같은 장식 기와인 절병통節甁桶을 올려놓았다.

부용정에서 건축적으로 가장 중요한 곳은 연못 쪽으로 돌출된 부분이다. 부용정의 세 면은 지면 위에 있지만, 한 면은 지면과 수면에 걸쳐 있다. 연못 위 돌기둥 두 개가 지탱하고 있는 난간은 다른 난간보다 높게 만들었다. 조망을 좋게 하려한 것이다. 문의 모양도 다르다. 띠살 문양의 세 면과 달리 연못 쪽은 '만卍'자 문양의 문이다.

부용정의 모습은 멀리서나 가까이서나, 어느 각도에서 봐도 아름답다. 그래서인지 부용정의 누마루에 올라 바라보는 경관은 과연 어떨지 무척이나 기대하게 한다. 하지만 기대가 지나쳤던 탓인지 생각만큼은 아니었다. 연못의 둥근 섬에 있는 소나무가 시야를 가리기 때문이다. 순조 연간인 1828~1830년에 작성된 것으로 추정되는 〈동궐도東闕圖〉에는 지금처럼 부용지 곁에 부용정·주합루·영화당 등의 건물이 있다. 다른 것은 지금과 비슷한데 부용지의 섬 모습이 조금 다르다. 그림 속에는 섬에 나무가 있는 듯 마는 듯 낮아서 부용정에서 보든 주합루에서 보든 조망이 트여 있었다. 하지만 오랜 세월이 흐르다 보니 지금은 시선을 가릴 정도로 소나무가 우뚝해진 것이다.

부용정의 기둥에는 10개의 주련柱聯이 걸려 있다. 어느 누정의 주련이든 그 건

물의 특징을 담고 있다. 부용정에 걸린 주련의 내용을 살펴보면, 부용정 일대를 신선이나 부처들이 사는 땅으로 묘사하고 있는 점이 흥미롭다.

千叢艶色霞流彩	천 떨기 고운 빛깔은 아름답게 흐르는 노을이요
十里淸香麝裂臍	십 리의 맑은 향내는 사향의 열린 배꼽일세.
閬苑列仙張翠蓋	높은 동산 여러 신선들이 푸른 일산 펼쳐 들고
大羅千佛擁香城	대라의 일천 부처들이 향성을 에워싼 듯하네.
翠丹交暎臨明鏡	푸르고 붉은 단청이 거울같이 맑은 물과 어우러지고
花葉俱香透畫簾	꽃잎의 향기로움이 아름다운 발에 스며드누나.
晴萼三千宮臉醉	해맑은 꽃잎은 삼천 궁녀의 불그레한 볼이요
雨荷五百佛珠圓	연잎에 맺힌 빗방울은 오백 부처의 둥근 염주라네.
龜戲魚遊秋水裏	거북이와 물고기는 가을 물 속에서 노니는데
露繁風善早凉時	초가을 서늘한 때 이슬은 짙고 바람은 좋도다.

② 관아의 누정

강원도 고성의 청간정淸澗亭은 관동팔경의 하나이다. 관동팔경은 동해의 해안을 따라 절승지에 세워진 북녘의 통천 총석정叢石亭·고성 삼일포三日浦, 그리고 남녘의 고성 청간정·양양 낙산사洛山寺·강릉 경포대鏡浦臺·삼척 죽서루竹西樓·울진 망양 정望洋亭·평해 월송정越松亭을 일컫는다. 그중에서도 청간정의 경치가 최고라고 하 는 선인들이 많았다. 청간정이 들어선 자리를 보면 그럴 만도 하다.

청간정은 설악산 골짜기에서 시작된 청간천 물줄기가 동해 바다와 만나는 기 암절벽 위에 있다. 이곳에서 바라보는 풍광은 가히 경이롭다. 우거진 송림 사이로 보이는 하얀 백사장, 끝이 안 보이는 수평선, 파란 하늘에 하얀 구름, 거기에 돛단배 주위에 몰려드는 갈매기 떼, 여기에 운 좋게 둥근 해가 떠오르는 모습까지 더해진 다면 어찌 말로 표현할 수 있을까.

청간정은 이런 시각적인 모습에 청각적인 요소가 더해진다. 철썩철썩 바위에 부딪치는 파도 소리, 파도에 밀려 떠내려가며 토해내는 모래의 울음소리. 어떤 때 는 강하게, 어떤 때는 약하게, 마치 숙련된 오케스트라의 연주를 듣는 듯하다. 고성

과 간성 지방의 백사장을 '명사십리鳴沙十里'라고 한다. 우리가 아는 '곱고 흰 모래' 라는 의미의 '명사십리明沙十里'가 아니라 '우는 모래'라는 뜻이다. 동해의 거센 파도에 멍이 들기도 하고, 지나가는 사람의 발에 밟혀 모래가 울고 있는 것 같은 쇳소리가 나기 때문이다. 《신증동국여지승람》에도 그런 내용이 있다.

모래 빛깔이 눈같이 희고 사람과 말이 지날 때면 나는 소리가 쟁쟁거려 마치 쇳소리 같다. 영동의 바닷가 모래들이 그러하지만 그중에서도 간성과 고성 사이가 가장 그렇다.

천하의 절경지인 청간정에는 예로부터 많은 문인과 화가들이 다녀가며 여러 글과 그림을 남겨 놓았다. 우리의 선조들이 가장 좋아했던 여행지는 금강산이었다. 금강산 오가는 길에 즐겨 찾는 곳이 바로 관동팔경이었고, 그 가운데 청간정의 경치를 으뜸으로 쳤다. 조선 후기 대문장가인 윤휴尹鑴의 《백호전서白湖全書》를 보면 그가 1672년(현종 13) 가을에 금강산으로 유람을 다녀온 글이 실려 있다. 바로 〈풍악록楓嶽錄〉이다. 풍악산은 가을 금강산을 말한다. 윤휴는 선유담仙遊潭을 거쳐 청간

❶❷ ❶ 〈청간정〉, 《관동명승첩》, 정선, 한국데이터산업진흥원
❷ 〈청간정〉, 《금강사군첩》, 김홍도, 한국데이터산업진흥원

정에 도착해서 하루를 묵었다. 그곳에 같이 간 일행이 모두 이구동성으로 말했다. "우리가 지금까지 구경을 다녀 보았지만 이렇게 경치 좋은 곳은 일찍이 보지를 못했다. 참으로 한평생 제일 좋은 구경이요 천하의 장관이다." 그리고 그들은 청간정에 걸려 있는 여러 시판을 보고 차운하는 시를 지으며 풍류를 즐겼다. 이 가운데 차식車軾의 시를 소개한다.

疏雨白鷗飛兩兩	성긴 비에 갈매기는 짝지어 날아가고
夕陽漁艇汜雙雙	석양의 고깃배들 쌍쌍으로 떠 있네.
擬看暘谷金烏出	땅속의 금 까마귀 해 돋는 것 보려고
畫閣東頭不設窓	화각 동편 머리에 창을 달지 않았다네.

청간정은 문인만이 아니라 화가들도 즐겨 찾던 장소였다. 겸재 정선鄭敾 · 단원 김홍도金弘道 · 표암 강세황姜世晃 · 연객 허필許佖 같이 당대의 유명 화가들이 금강산 유람이나 관동팔경을 다니면서 청간정을 그린 그림들이 남아 있다. 이들의 그림을

보면 청간정과 함께 만경루萬景樓가 같이 그려져 있다. 만경루는 지금은 없어졌지만 당대에는 청간정과 더불어 절경지로 묘사한 글들이 많다. 두 누정에 대해서《연려실기술燃藜室記述》에도 다음과 같은 기록이 있다.

간성 청간정

군의 남쪽 40리 지점에 있다. 바위 봉우리가 우뚝 솟았는데 층층마다 대臺와 같고 높이가 수십 길이나 된다. 위에는 용트림 한 소나무 몇 그루가 있다. 대의 동쪽에 만경루가 있다. 대의 아래에는 돌들이 어지럽게 울쑥불쑥 바다에 꽂혀 있다. 놀란 파도가 세차게 돌을 때리니 물방울이 눈처럼 날려 사방에 흩어진다.

당대의 저명한 문인과 화가들이 즐겨 찾던 명성과 달리 청간정의 창건과 중건에 관한 사실은 명확하지 않다. 고려 명종 때 김극기金克己가 지은 제영이 남아 있어 고려 시대에 만들어져 조선 시대에 여러 차례 중수가 이루어진 것으로 추정된다. 사실 아쉽게도 현재의 청간정도 1884년 불탄 것을 1955년 이승만 대통령과 1981년 최규하 대통령의 지시로 복원한 건물이다. 청간정은 정면 3칸 측면 2칸의 팔작지붕으로 2층 누각이다. 우암 송시열宋時烈이 썼다는 편액은 사라지고 누정 안에는 이승만 대통령의 편액과 최규하 대통령의 시판이 걸려 있다. 넘실대는 푸른 바다와 하얀 백사장이 바라보이는 경관은 여전히 아름답다. 6·25전쟁 전에는 북한 땅, 현재는 남한 땅으로 주인이 바뀌며 철조망과 함께 서 있는 청간정은 현대사의 산 증인이기도 하다.

대관령 너머 관동 땅에는 예로부터 명승지가 많다. 옛 선인들은 현재 북한 땅인 통천 총석정에서 시작되어 평해 월송정까지 해안을 따라 늘어선 절경들을 즐기며 그 장소들을 관동팔경이라 했다. 그 가운데 하나가 강릉의 경포대鏡浦臺이다.

선인들이 관동팔경을 유람하며 남긴 주옥같은 글들이 많다. 고려 말의 문인 안축安軸과 조선 중기 송강 정철鄭澈의 〈관동별곡關東別曲〉이 대표적이다. 사람마다 관동팔경 가운데 최고로 치는 장소가 다르다. 보는 안목도 다르고, 같은 장소라 해도 처한 상황 따라 느끼는 감흥이 다르기 때문이다.

강원도를 상징하는 도시는 강릉과 원주이다. 요즘 사람들이 강릉 하면 떠올리는 것은 동해 바다, 오죽헌, 신사임당과 율곡 이이, 그리고 경포대가 아닐까 한다. 예나 지금이나 강릉의 경포대는 관동팔경의 하나로 계속 명성을 이어오고 있음이 틀림없다.

경포대가 처음 지어진 것은 고려 때이다. 1326년(충숙왕 13) 박숙정朴淑貞이 경포 호수의 풍경에 취해 즐기다보니 주위에 신라 때 신선들이 놀던 터가 있어 그곳에 정자를 지은 것이 경포대의 시작이었다. 새로 부임한 강원도안렴사 안축에게 기문을 부탁해서 지은 것이 〈경포신정기鏡浦新亭記〉이다.

경포대와 경포 호수는 서로 뗄 수 없는 관계이다. 사실 '경포대'라는 명칭도 '경포鏡浦', 즉 '유리같이 맑은 호수'에서 따온 말이다. 경포대에서 바라보는 경포 호수, 경포에서 배를 타고 바라보는 경포대와 주위 풍광 등 '경포'를 가장 시적으로 표현한 사람은 바로 안축이었다. 안축은 기문과 함께 〈경포범주鏡浦泛舟, 경포에 배 띄우고〉라는 시 한 수를 남겼다. 그는 이 시에서 "사람이 거울 안에서 노니 그림으로 그려내기 어렵구나"라고 읊었다. '경포'를 이보다 더 시적으로 표현할 수 있을까. 그 시를 음미해본다.

雨晴秋氣滿江城	비 개니 가을 기운이 강릉성에 가득한데
來泛扁舟放野情	경포에 조각배 띄우니 시골 정취가 솟네.
地入壺中塵不到	땅이 선계 같아 세속의 티끌 이르지 못하고
人遊鏡裏畫難成	사람이 거울 안에서 노니 그려내기 어렵구나.
煙波白鳥時時過	파도에 이는 물보라 흰 갈매기 때때로 지나가고
沙路青驢緩緩行	모래밭 청노새는 더디게 걸어가네.
爲報長年休疾棹	늙은 뱃사공 힘든 노 젓기 쉽게 하고
待看孤月夜深明	깊은 밤 외로운 달 떠오르기를 기다리누나.

사실 처음 지어진 경포대는 지금의 자리에서 바다 쪽으로 500m 정도 바깥에 있었다. 1508년(중종 3) 강릉도호부사 한급韓汲이 지금의 위치로 경포대를 옮겼고, 임진왜란 때 불탄 것을 여러 차례 중수하여 오늘에 이르게 된 것이다.

경포대는 정면 5칸 측면 5칸의 팔작지붕이다. 누각은 사방을 바라보기 좋게 벽이나 문 없이 탁 트여있고, 사방으로 계자 난간을 둘렀다. 경포호가 내려다보이는

방향의 마루는 한 단을 높게 쌓아 전망을 좋게 하였고, 그 양쪽 끝은 한 단을 더 올려 연회를 베풀 때 상석에 해당하는 자리로 만들었다. 누각에는 정자체와 예서체로 '경포대鏡浦臺'라고 쓰여진 편액이 두 곳에 걸려 있다. 들보 중앙에는 '제일강산第一江山'이라고 쓴 커다란 현판과 경포대를 노래한 여러 시판이 있다. 김홍도金弘道가 그린 경포대를 보고 숙종이 지었다는 다음과 같은 어제시도 전한다.

汀蘭岸芝繞西東　　난초 지초 동서로 가지런히 감아 돌고
十里煙霞映水中　　십 리 되는 물안개는 물속에도 비치네.
朝噎夕陰千萬像　　아침 안개 저녁노을 천만 가지 모습인데
臨風把酒興無窮　　바람결에 잔을 드니 흥겨움이 끝없구나.

관동팔경 가운데 으뜸

삼척 **죽서루**

三陟 竹西樓

관동지방을 대표하는 누정으로는 강원도 삼척의 죽서루竹西樓가 있다. 고려 시대 건립된 죽서루는 총석정·경포대와 같은 관동팔경 가운데 으뜸으로 여겨졌다. 태백산에서 시작하여 동해로 흘러들어가는 오십천五十川, 그 물줄기를 내려다보며 병풍처럼 둘러친 절벽 위에 자리한 죽서루는 정말 천혜의 장소이다. 조선 시대 미수 허목許穆이 지은 〈죽서루기竹西樓記〉는 죽서루의 경관을 잘 묘사하고 있다.

관동지방에는 이름난 곳이 많다. 그중에 가장 뛰어난 곳이 여덟이니 …… 그 중에 죽서루를 제일로 손꼽는 것은 무슨 까닭일까. …… 죽서루는 동해와 마주하며 높은 산봉우리와 깎아지른 벼랑에 있다. 서쪽으로 두타산과 태백산이 우뚝 솟아 있어 아스라이 산봉우리가 보인다. 큰 시내가 동해로 흐르며 꾸불꾸불 오십 리 길 여울을 이루고 그 사이에 울창한 숲과 사람 사는 마을이 있다. 누각 밑에 겹겹이 싸인 바위 벼랑이 천 길이나 되고 하얀 여울이 그 아래로 감돌아 맑은 소를 이룬다. 해가 서쪽으로 기울 때면 넘실거리는 푸른 물결이 바위 벼랑에 부서진다. 인간 세계가 아닌 듯 아름다운 경치는 큰 바다의 풍경과는 아주 다르다. 유람하는 자도 이런 경치를 좋아해 제일로 손꼽는 것 아닌가 싶다.

죽서루라는 명칭은 죽장사竹藏寺라는 절 서쪽에 있는 누각이라는 데서 비롯되었다. 창건 시기는 명확지 않지만 1266년(원종 7) 이승휴李承休가 지은 〈죽서루기〉를 통해 그 이전부터 있었던 것을 알 수 있다. 고려 시대 창건된 죽서루는 조선 시대인 1403년(태종 3) 삼척부사 김효손金孝孫에 의해 크게 중수되었고, 그 후 여러 차례 보수를 거쳐 오늘에 이르고 있다.

죽서루가 돋보이는 것은 자연적 지형 조건을 그대로 활용했다는 점이다. 커다란 암반 위에 건립된 죽서루의 1층에는 17개의 기둥이 서 있는데 그 높낮이가 다 다르다. 자연석 암반 위에 그랭이질을 하여 세웠기 때문이다. 누각을 오르는 길도 마찬가지로 삐뚤빼뚤 자연과 조화를 이루고 있다. 누각의 2층은 정면이 7칸, 측면은 한쪽은 2칸이고 다른 한쪽은 3칸의 팔작지붕이다. 남원의 광한루廣寒樓와 달리 기둥 사이에 벽이나 창문 없이 모두 개방하여 사방의 경관을 즐기기 좋게 만들었다.

누각에는 크고 작은 편액과 현판이 헤아리기 어려울 정도로 많이 있다. 정면에 '죽서루'라고 쓰인 편액과 함께 그 왼편에 '관동제일루關東第一樓'라고 크게 쓴 현판이 먼저 눈에 들어온다. 이편액과 현판은 1711년(숙종 37) 삼척부사 이성조李聖肇가 썼

다. 누각 안에 길게 걸려 있는 '제일계정第一溪亭'은 1662년(현종 3) 삼척부사 허목이, '해선유희지소海仙遊戲之所'는 삼척부사 이규헌李奎憲이 이곳의 특별한 경치를 비유하여 쓴 것이다.

죽서루는 오래된 연륜과 명성만큼 이곳을 다녀간 유명 인사의 현판들이 즐비하다. 숙종과 정조의 어제시御製詩를 비롯하여, 고려 때 《제왕운기帝王韻紀》를 저술했던 이승휴와 조선 대학자 율곡 이이에 이르기까지 누정기와 누정제영이 여기저기 걸려 있다. 숙종은 죽서루의 경관에 감탄하며 이곳의 풍경을 사실적으로 읊은 시를 남겼다.

硨屼層崖百尺樓	우뚝 솟은 절벽 위에 백 척의 높은 누각
朝雲夕月影淸流	아침 구름 저녁달이 그림자를 담아 맑게 흐르네.
鄰鄰波裡魚浮沒	출렁이는 물결 속에 고기는 떠올랐다 잠기고
無事凭欄狎白鷗	일 없이 난간에 기대어 흰 갈매기와 놀아보세.

정조도 명성이 자자한 죽서루에 다녀오고 싶었다. 사정이 여의치 않자 단원 김홍도에게 그림을 그리게 하였다. 죽서루 그림을 본 정조는 임금의 자리에서 오히려 좋

❶ ❷

❶ 〈죽서루〉, 《관동명승첩》, 정선, 한국데이터산업진흥원
❷ 〈죽서루〉, 《금강사군첩》, 김홍도, 한국데이터산업진흥원

은 풍광의 죽서루에서 뱃놀이 하는 삼척부사를 부러워하는 다음과 같은 시를 지었다.

彫石鐫崖寄一樓	돌 다듬고 절벽 쪼아 세운 누각 하나
樓邊滄海海邊鷗	누각 곁은 푸른 바다 해변에는 갈매기 노니네.
竹西太守誰家子	죽서루 고을 태수 뉘 집 아들인가
滿載紅粧卜夜遊	미인 가득 싣고 밤 새워 뱃놀이 하누나.

이처럼 오랜 역사와 경관을 자랑하는 만큼 유명한 서화가의 작품들이 많이 남
아 있다. 대표적으로 정선鄭敾 · 김홍도 · 강세황姜世晃 · 엄치욱嚴致郁 · 이방운李昉運 등
이 죽서루를 다녀갔고, 그 경관을 그림으로 그렸다. 현재 보물 제213호인 죽서루는
삼척 주민과 여행객이 누각에 올라 아름다운 경관을 즐기며 발 뻗고 휴식을 취하는
공간으로 남아있다.

경북 울진의 망양정望洋亭은 경관이 무척이나 빼어난 곳이다. 바다가 내려다보이는 망양정은 예전부터 여러 사람들이 꿈에 그리던 장소였다. 숙종은 관동팔경 가운데 망양정이 가장 수려하다며 '관동제일루關東第一樓'라는 친필 편액을 내렸다. 숙종과 정조를 비롯하여 고려 시대의 정추鄭樞, 조선 시대의 김시습金時習 · 채수蔡壽 · 정철鄭澈 · 이산해李山海 · 이항복李恒福 등 이름만 대면 알 수 있는 문인들이 다녀갔고, 주옥같은 시문들을 남겼다. 관동팔경을 유람한 숙종은 망양정에서 각별한 감회를 적은 다음과 같은 어제시를 지었다.

列壑重重逶迤開　　여러 골짜기 겹겹이 구불구불 펼쳐있고

驚濤巨浪接天來　　놀란 파도 거센 물결은 하늘에 닿아 있네.

如今此海變成酒　　지금 이 바다를 술로 만들 수 있다면

奚但只傾三百盃　　어찌 단지 삼백 잔만 마실 수 있으리오.

바다와 하늘 끝을 바라보는 울진 망양정

❶ 〈망양정〉, 《관동명승첩》, 정선, 한국데이터산업진흥원
❷ 〈망양정〉, 《금강사군첩》, 김홍도, 한국데이터산업진흥원

고려 말에 지은 망양정은 사라지고 지금은 새로운 자리에 새 망양정이 들어섰다. 예전의 망양정은 현재의 위치에서 40여 리쯤 떨어진 기성면 망양리에 있었다. 망양해수욕장이 내려다보이는 새 망양정은 예스러움은 없지만, 망양정이란 이름대로 바다를 조망하는 위치이다. 깎아지른 벼랑 끝에 세워진 수려했던 예전 모습은 진경산수화의 대가 겸재 정선鄭敾의 《관동명승첩關東名勝帖》이나 단원 김홍도의 《금강사군첩金剛四郡帖》에 실려 있는 망양정 그림을 통해서 느낄 수 있을 뿐이다.

'망양望洋'. 말 그대로 '바다를 바라본다'는 의미이다. 하지만 여기에는 더 깊은 뜻이 있다. 《장자莊子》 〈추수秋水〉편이나 정약용丁若鏞의 《다산문집茶山文集》을 보면 '망양지탄望洋之嘆'이라는 용어가 보인다. 이 말은 '자신의 부족함을 깨달아 탄식한다'는 의미이다. 망양정은 끝없이 펼쳐진 대자연 앞에서 한없이 작고 부족한 스스로를 깨닫는 곳이다.

망양정을 노래한 여러 글 가운데 '망양지탄'의 의미가 가장 잘 담긴 것은 송강 정철鄭澈의 글이다. 정철은 그 유명한 〈관동별곡〉에서 망양정에 올라 "하늘 끝을 보지 못해 망양정에 올랐더니, 바다 밖은 하늘이니 하늘 밖은 무엇인가"로 시작되

누정 산책

는 글을 지었다. 끝없이 펼쳐진 바다만 바라봐도 인간의 한없이 작고 부족함이 느껴지는데, 하물며 하늘 밖엔 과연 무엇이 있는 걸까.

'망양지탄'의 마음은 매월당 김시습金時習이 조선 팔도를 다니다 망양정에 올라 지은 시에서도 느껴진다. 김시습은 〈등망양정간월登望洋亭看月(망양정에 올라 달을 구경하다)〉라는 시에서 "넓은 바다를 바라보니 사람들은 물 위에 뜬 하나의 낙엽과 같다"고 하였다.

十里沙平望大洋	십 리나 되는 모래밭에서 넓은 바다를 바라보니
海天遙闊月蒼蒼	멀고 넓은 바다 위 하늘에 달이 떠오르네.
蓬山正與塵衰隔	신선들이 사는 봉래산은 속세와는 참으로 딴판
人在浮菱一葉傍	물풀 같은 세상 속 인간은 하나의 잎사귀로구나.

망양정에 걸린 현판을 보면 '인간지사 새옹지마人間之事塞翁之馬'가 느껴진다. 바로 조선 중기 정철과 이산해의 관계이다. 정철과 이산해는 한때 친구 같은 사이였다. 하지만 그들이 살았던 때는 동인東人과 서인西人으로 갈리던 붕당정치의 시대였다. 정철은 서인의 영수로, 이산해는 동인의 영수로 두 세력을 이끌며 대립하였다. 정철의 현판은 동인의 탄핵을 받아 담양으로 낙향하였다가 1580년 강원도관찰사로 복직되어 관동팔경을 다니며 지었던 글이다. 이산해의 현판은 1592년 임진왜란 당시 탄핵을 받아 망양정 근처 평해에 유배되었을 때 지은 것이었다. 서로 다른 때, 다른 처지에서 망양정에 다녀간 두 사람의 현판이 지금은 나란히 걸려 있다.

새 망양정은 정선의 그림에서 보듯이 정면 3칸 측면 2칸의 팔작지붕 형태로 지어졌다. 《신증동국여지승람》을 보면 망양정에 "고운 모래가 희게 펼쳐지고 해당화는 붉게 피었다"라고 기록되어 있다. 5월의 따사로운 햇살 아래 새로 지은 망양정에도 붉은 해당화가 예쁘게 피었다.

경남 밀양 하면 무엇이 떠오를까. 아마도 한 번쯤 읊조렸을 법한 '날 좀 보소 날 좀 보소 날 좀 보소 / 동지섣달 꽃 본 듯이 날 좀 보소'의 '밀양아리랑', 아니면 전도연과 송강호 주연의 영화 '밀양'이 아닐까. 여기에 하나 더한다면 진주 촉석루·평양 부벽루와 함께 우리나라 3대 누각의 하나인 밀양 영남루嶺南樓가 생각난다. 보물로 지정된 영남루의 '야경'은 밀양 8경 가운데 제1경에 해당한다.

영남루는 남천강이 내려다보이는 산기슭 절벽 위에 자리한다. 현재의 영남루는 1844년(헌종 10) 밀양부사 이인재李寅在가 정면 5칸 측면 4칸의 영남루 건물에 양쪽으로 익랑翼廊인 침류각枕流閣과 능파각凌波閣을 이어 지어 웅장한 모습을 하고 있다. 《신증동국여지승람》을 보면 영남루 자리에는 신라 때부터 영남사嶺南寺라는 절이 있었는데 고려 때 절은 없어지고, 그 자리에 1365년(공민왕 14) 밀양군수 김주金湊가 새로 누각을 지으면서 영남루라 했다고 한다. 그 후 임진왜란 때 소실된 것을 1637년(인조 15) 중수했다가 다시 불탄 것을 1844년 밀양부사 이인재가 새로 지어 오늘에 이르고 있다. 조선 후기에 중수된 누각이지만 영남루에는 1844년 이전에 다녀간 선

인들의 발자취가 여기저기 남아 있다.

영남루 앞에 이르면 버선코인 듯 늘씬한 몸매를 뽐내는 지붕 아래로 나란히 걸린 세 개의 편액이 눈길을 끈다. 중앙에 '영남루嶺南樓', 그 왼쪽에 '교남명루嶠南名樓', 오른쪽에 '강좌웅부江左雄府'라는 편액이다. '영남루'는 진주의 촉석루 편액을 쓴 조선 후기 명필 귤산 조윤형曹允亨이 1788년(정조 12)에 쓴 것이다. 이는 지금 남아 있는 영남루 건물보다 오래된 것이다. '교남명루' '강좌웅부' 두 편액은 조선 후기 이유원李裕元의 글씨이다.

좌측의 능파각을 통해 영남루에 오르면 누각 네 면에 걸쳐 크고 작은 편액·현판과 마주한다. 처마의 편액만큼 큰 글씨로 '영남제일루嶺南第一樓' '영남루嶺南樓' '현창관顯敞觀' '강성여화江城如畵' '용금루湧金樓'라 적혀 있다. '멀리 바라본다'라는 의미의 현창관, '강과 성이 마치 그림 같다'는 의미의 강성여화, '높은 절벽에 우뚝

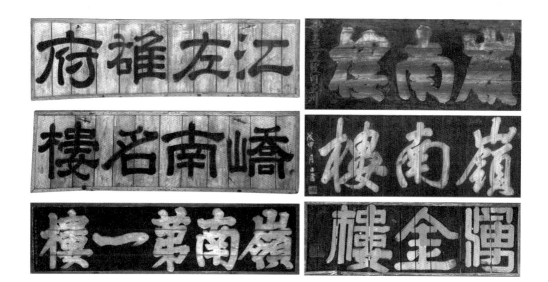

솟았다'는 의미의 용금루는 모두 영남루를 묘사한 이름이다. 이 가운데 '영남제일
루'는 이인재의 큰아들 이증석李增石이 11살 때, '영남루'는 둘째 아들 이현석李玄石
이 7살 때 썼다고 기록되어 있다. 모두 영남루가 완공되기 한 해 전인 1843년에 써
둔 것이다.

　　누각을 둘러싼 풍광과 누각의 웅장하고 세련된 건축미, 커다란 편액 이상으로
영남루를 돋보이게 하는 것은 선인들의 흔적이다. 1844년 새로 지어진 영남루에는
고려 시대에 이곳을 다녀간 유명한 문인들의 시판이 걸려 있다. 대표적인 것이 목
은 이색李穡과 삼우당 문익점文益漸의 시이다. 대부분 당대의 것은 불타 없어졌지만
그들의 시를 후대에 다시 새긴 시판이다. 목은 이색의 시판은 그의 16세손이자 영
남루를 새로 지었던 이인재가, 문익점의 시판은 1846년 후손 문병렬文秉烈이 다시 썼
다. 두 시판 모두 지금의 영남루와 나이가 같은 셈이다. 두 사람 가운데 목은 이색
의 시를 음미해 본다.

嶺南樓下大川橫	영남루 아래 큰 강물 비껴 흐르고
秋月春風屬太平	가을 달 봄바람이 태평스럽네.
忽得銀魚森在眼	문득 은빛 물고기 눈앞에 가득하고
斯文笑語可聞聲	선비들 웃음소리 귓전에 들리는 듯하누나.

사대부의 고장인 밀양에서 내로라하는 학자와 문인들이 영남루에 올라 휴식을 취하며 노래한 주옥같은 글들은 열거할 수 없을 정도로 많다. 이색과 문익점 외에도 고려의 대학자인 이숭인李崇仁, 조선 초기의 대문장가인 권근權近과 하륜河崙, 조선 중기의 김종직金宗直과 이황李滉 등 무수히 많은 이들의 시문이 전한다. 다음은 영남루 연회에 초대받은 이숭인이 감회에 젖어 읊은 시이다.

高樓登眺若登天	높은 누각에서 바라보니 마치 하늘에 오른 듯
景物紛然後忽前	경관은 어질어질 앞에 있다 뒤에 있다 하네.
風月雙清是今古	바람과 달이 맑은 것은 예나 지금이나
山川十里自中邊	산과 내는 십 리 걸쳐 구불구불.
秋深官道映紅樹	가을 깊은 큰길은 붉은 단풍나무 뒤덮었고
日暮漁村生白煙	날 저문 어촌엔 흰 연기 피어오르네.
客子長吟詩未就	나그네 길게 읊조리나 아직 시를 이루지 못했는데
使君尊俎秩初筵	원님이 술상 차려 잔치를 시작하누나.

보물로 지정된 밀양 영남루는 국보인 경복궁 경회루와 비교해도 손색이 없다. 아니 그 이상이라 해도 지나치지 않는다.

임진왜란의 논개가 생각나는

진주 **촉석루**

晉州 矗石樓

축제는 그 지역의 역사와 문화를 상징한다. 경남 진주에서는 매년 봄과 가을에 축제가 열린다. 봄에는 '진주 논개제', 가을에는 '진주 남강 유등축제'가 벌어진다. 두 축제는 모두 임진왜란壬辰倭亂과 관련이 있다. 진주는 임진왜란 3대 전투의 하나인 진주대첩晉州大捷의 장소이다. 치열한 전투가 벌어

졌지만 결국 진주성은 함락되었다. 촉석루矗石樓에서 왜군이 승전을 자축하는 연회가 열렸다. '논개論介'는 그 자리에서 적장을 끌어안고 남강으로 몸을 던졌다. 진주는 몰라도 이 이야기를 모르는 사람은 없다. 그래서 진주 하면 '임진왜란 - 진주성 - 촉석루 - 논개'가 꼬리표처럼 따라다닌다. 우리나라 3대 누각인 진주 촉석루는 바로 그 역사의 현장에 자리하고 있다.

　촉석루는 진주성에서 남강을 내려다보는 암반 위에 우뚝 서있다. 촉석루가 건축된 시기에 대해서는 두 가지 견해가 있다. 하나는 1241년(고종 28) 진주목사 김지대金之岱가 창건했다는 것이고, 다른 하나는 1365년(공민왕 14) 진주부사 김중광金仲光이 시작하고 안상헌安常軒이 완성하였는데 두 사람 모두 문과에 장원급제하여 '장원루壯元樓'라 불렸다는 것이다. 하지만 1365년 이전에 생존했던 이곡李穀(1298~1351)의 《가정집稼亭集》에 촉석루를 뜻하는 장원루가 나오는 것으로 보아 1241년에 창건된 후 1365년에 중건되었다고 보는 것이 맞을 것 같다.

　'촉석루'라는 명칭은 고려의 문인 백문보白文寶의 기문에 의하면 남강의 중간쯤에 돌이 쫑긋쫑긋 솟아 있어 촉석이라 했다고 한다. 현재의 촉석루는 여러 차례 중건과 보수를 하면서 명성을 이어가다 6·25전쟁 당시에 모두 불타버린 것을 1960년에 재건한 것이다. 이처럼 우리나라 3대 누각으로 불리던 촉석루는 임진왜란과 6·25전쟁의 아픔을 고스란히 간직하고 있다.

　　　　　　　　　　　　　　　　　　　　　　　　　　　　　　누정 산책

현재 촉석루는 정면 5칸 측면 4칸의 팔작지붕으로 2층 누각이다. 1층 기둥은 돌을 다듬어 세웠고, 2층 누각의 기둥은 나무로 되어 있다. 중앙과 좌우 세 곳에 누각으로 오르는 계단이 있다. '촉석루' 편액은 앞면과 뒷면 양쪽에 걸려 있다. 누각 안에는 임진왜란 때 지휘부로 사용되었던 '남장대南將臺'와 '영남제일형승嶺南第一形勝'이란 큰 글씨의 현판과 조선 초기 진주 출신의 문인 하륜河崙의 기문과 임진왜란 때 의병장으로 이름을 날린 정문부鄭文孚 등의 시판이 걸려 있다.

촉석루에서 풍광을 즐기던 선인들의 모습은 이들의 기문이나 시를 통해서 만날 수 있다. 하륜이 지은 〈촉석루기矗石樓記〉를 보면 "누각의 규모는 우람하고 넓어서 내려다보면 까마득하다. 그 밑으로는 긴 강이 흐르고 밖으로는 여러 봉우리들이 늘어서 있다. 집들 사이로 뽕나무·삼베·대나무 숲·꽃·나무가 은은히 비치며, 푸른 바위·긴 개울·비옥한 땅이 이어져 있다"고 했다. 지금은 그 자리에 아파트와 높은 건물, 남강을 가로지르는 교량이 건설되었다.

촉석루 바로 옆에는 논개를 기리는 사당이 있고, 촉석루에서 남강으로 내려가는 문을 지나면 그녀가 적장을 끌어안고 뛰어내린 '의암義巖'이 있다. 누각은 손님을 접대하고 풍류를 즐기는 장소였다. 하지만 임진왜란의 아픔과 논개의 흔적이 남아 있는 촉석루에서 더 이상 연회를 즐기기는 어려웠다. 촉석루에서 느끼는 감회와 풍류는 임진왜란 전후에 천양지차로 달라졌다. 선인들의 여러 시들이 그랬다. 그 중에 조선 초기 문장가로 진주목사를 지냈던 유호인俞好仁과 임진왜란 이후 하진河

潛의 시를 비교해 보면 이러한 변화를 잘 알 수 있다. 먼저 유호인의 《뇌계집潘谿集》에 실려 있는 '촉석루야음矗石樓夜飮'이다.

十二樓中擁彩雲	열두 누각에 고운 빛 구름이 감싸더니
絳紗燈裏倚微曛	붉은 깁 등불 안은 옅은 석양빛에 의지하네.
春風巧鬪簾旌捲	봄바람 교묘하게 발과 깃발 말아 다투게 하고
潭獸偏愁鐵笛聞	물가 짐승 시름에 젖어 쇠 피리 소리 들리누나.
鸚鵡調高花浹溿	앵무새 소리 고상하며 꽃으로 온통 뒤덮이고
鳳凰吟罷酒氤氳	봉황음 다 읊조리니 술기운이 올라오네.
鳴根遙想凌波襪	울리는 소리 아득하고 버선 같은 물결 생각나는데
南浦蒼茫曉色分	남쪽 포구 푸르고 아득하더니 새벽빛이 가르는구나.

임진왜란 이전의 감미로운 서정성과 달리 하진의 《태계집台溪集》에 실려 있는 '등촉석루유감登矗石樓有感'을 보면 전란의 아픔을 치유하고자 하는 바람이 주가 된다.

滿目兵塵暗九區	전란의 상처 온 나라에 가득하니
一聲長笛獨憑樓	홀로 누각에 기대어 피리를 부네.
孤城返照紅將歛	외진 성에 저녁노을 잦아들고
近市晴風翠欲浮	저자에는 바람 개어 푸른 빛 떠오르도다.
富貴百年雲北去	부귀 백년이야 구름 같이 지나가고
廢興千古水東流	천고의 흥폐에도 물은 동쪽으로 흐르네.
當時冠蓋今蕭索	당시의 명관들은 어디에 있는지
誰道人才半在州	어느 누가 인재의 반이 진주에 있다 했는가.

❶ 〈촉석루기〉, 하륜
❷ 〈등촉석루유감〉, 하진

경남 합천을 상징적으로 표현한 문구들이 있다. '수水려한 합천', '천년의 문화, 깨끗한 자연이 어우러진 고장'이다. 이 문구들은 합천을 대표하는 가야산伽倻山 홍류동紅流洞 계곡에서 흘러내려오는 맑은 물줄기, 유네스코 세계문화유산과 세계기록유산이 함께 있는 해인사海印寺 팔만대장경八萬大藏經과 장경판전藏經板殿을 반영한 것이다. 그래서 합천팔경 가운데 제1경이 가야산, 제2경이 해인사, 제3경이 홍류동 계곡이다. 거기에 제5경 함벽루涵碧樓가 더해진다.

함벽루는 1321년(충숙왕 8) 지금의 합천군수에 해당하는 합주지주사 김영돈金永暾 (1285~1348)이 창건한 후 여러 차례 중수하여 오늘에 이르고 있다. 함벽루는 뒤로 야트막한 매봉산이 있고, 앞으로는 강폭이 넓은 황강과 하얀 모래사장이 내려다보이는 곳이다. 전형적인 배산임수背山臨水의 지형이다.

우리나라에서 지붕 처마의 빗물이 강물로 바로 떨어지는 유일한 누정이 바로 함벽루다. 비오는 날 황강의 물안개 사이로 해오라기 날아들고, 누각에 기대어 강물로 떨어지는 빗소리를 듣는 모습이 선하다. 이처럼 역사가 오래되고 경관이 좋은

까닭에 《세종실록지리지世宗實錄地理志》《동문선東文選》 등 여러 문헌에 함벽루가 소개되어 있다.

　　여말 선초의 문인 이첨李詹은 밤에 함벽루에 올라 다음과 같은 시를 남겼다. 그의 시처럼 누각에 오르면 창틀 같은 기둥 사이로 푸른 바위벽이 손에 닿을 듯하다.

神仙腰佩玉摐摐	신선 허리의 패옥 소리 뎅그렁뎅그렁
來上高樓掛碧窓	높은 다락에 오르니 푸른 창이 벽에 걸려 있네.
入夜更彈流水曲	밤이 되어 다시 유수곡을 타니
一輪明月下秋江	수레바퀴 같은 밝은 달이 가을 강을 비추누나.

　　함벽루는 연호사烟湖寺라는 절과 함께 강물을 바라보며 나란히 서 있다. 강 건너에서 바라보면 마치 강물에 두 건물이 배처럼 떠 있는 모습이다. 관아의 누정과 사찰이 이렇게 나란히 있는 곳이 또 있을까 싶다. 연호사도 신라 선덕여왕 때 창건되

었다고 하니 역사가 오래된 절이다. 조선 후기 조긍섭曹兢燮의 《암서집巖棲集》을 보면 '등함벽루숙연호사登涵碧樓宿烟湖寺'라는 시가 있다. 함벽루에 갔다 연호사에서 자고 오는 경우가 종종 있었던 것 같다. 고려 말 밤에 함벽루에 올라 시를 지었던 이첨도 사면이 트여있는 함벽루에서 잠을 자기는 어려웠을 것이다.

함벽루는 정면 3칸 측면 2칸의 팔작지붕인 2층 누각이다. 건물 규모는 단출하지만 고려 시대 창건된 이래 내로라하는 많은 학자·시인·묵객들이 다녀갔다. 누각에서 손을 뻗으면 닿을 듯한 암벽에 우암 송시열宋時烈의 '함벽루涵碧樓' 글씨가 크게 새겨 있고, 누각에는 영남학파의 두 거두인 퇴계 이황李滉과 남명 조식曹植의 시가 나란히 걸려 있다. 함벽루의 명성이 느껴진다. 다음은 퇴계 이황의 시이다.

北來山陡起　　북에서 뻗은 산이 우뚝 솟아 있고

東去水漫流　　동으로 강물은 넘쳐흐르네.

鴈落蘋洲外　　기러기는 개구리밥 물가에 내려앉고

처마의 빗물이 강물로 떨어지는 합천 함벽루

烟生竹屋頭	연기는 대숲의 집 위로 피어오르누나.
閑尋知意遠	한가로이 찾아오니 마음 느긋하기 그지없고
高倚覺身浮	높은 다락에 기대니 몸이 떠있는 것 같네.
幸未名韁絆	다행히 굴레에 매어 있지 않으니
猶能任去留	오히려 마음대로 머물다 떠날 수 있구나.

현재 함벽루 아래는 나무 데크로 만든 길이 나있어 예전의 운치는 덜하다. 강 건너 하얀 모래톱도 황강레포츠 공원으로 탈바꿈하여 여름날 물놀이하는 주민의 쉼터로 바뀌었다. 주위 풍광이 많이 변했지만 그래도 이 정도나마 오래도록 자리하는 것이 다행스럽다.

누정 산책

춘향과 이몽룡이 그려지는

남원 **광한루**

南原 廣寒樓

남원의 광한루廣寒樓는 평양의 부벽루浮碧樓, 밀양의 영남루嶺南樓, 진주의 촉석루
矗石樓와 더불어 우리나라 4대 누각의 하나로 꼽힌다. 황희黃喜 정승의 아들인 황수신
黃守身이 지은 〈광한루기廣寒樓記〉를 보면 남원부사 신감申鑑은 "광한루의 빼어난 경
치는 삼남 일대에서 으뜸이다"라고 했다. 유동연柳東淵은 "천상天上에는 광한루라는
큰 궁전이 있고, 광한루 앞에는 오작교가 있으며, 옆에는 붉은 계수나무가 있다"고
하였다. 마치 광한루를 지상에 존재하는 것이 아니라 하늘나라에 존재하는 궁전으
로 비유하고 있다. 이처럼 광한루는 예나 지금이나 우리나라를 대표하는 누정으로
인정받고 있다.

광한루 하면 사람들이 먼저 떠올리는 것은 무엇일까. 아마 성춘향成春香과 이몽
룡李夢龍이 아닐까. 엄격한 조선 유교사회에서 신분을 뛰어넘는 양반과 기생 출신의
사랑 이야기. 실제로 이루어지기 쉽지 않은 일이기에 머릿속에 오래 기억되고 있을
것이다. 거기에 광한루에는 견우와 직녀의 만남으로 상징되는 오작교가 있고, 조선
후기 춘향전의 무대가 되었다.

　　사실 광한루 하면 가장 상징적인 것은 달이다. 광한루의 의미가 그러하고, 광한루에 걸려 있는 커다란 편액들이 그러하며, 광한루를 노래한 시문들이 그러하다. 광한루의 처음 이름은 광통루廣通樓였다. 우리나라 최고의 재상으로 평가되는 황희가 1418년(태종 18) 남원에 유배 생활을 하면서 조그마한 누정을 지은 것이 광한루의 시작이었다. 그 후 1434년(세종 16) 남원부사인 민여공閔汝恭이 개축하였고, 1444년 전라감사 정인지鄭麟趾가 누정에 올라 "달나라에 있는 궁전인 '광한청허부廣寒清虛府'가 바로 이곳이 아닌가"라며 그 아름다움을 월궁月宮에 비유한 것에서 '광한루'라는 명칭이 유래되었다.

　　광한루에 오르면 사방 천지에 여러 편액과 현판들이 걸려 있다. 광한루의 시문은 모두 200여 수가 넘는다고 한다. 그중 가장 큰 글씨로 쓴 '광한루', '계관桂觀', '청허부清虛府'라는 편액이 눈에 띈다. 정면의 '광한루' 편액은 선조의 사위이자 영의정 신흠申欽의 아들인 신익성申翊聖이 쓴 것이다. 세 편액 모두 달과 연관된 것이다. '광한루'와 '청허부'는 물론이고 '계관'도 계수나무가 있는 달나라 신궁神宮을 의미한다.

누정 산책

    광한루의 아름다움을 노래한 시문들도 달과 관련되는 내용이 많다. 조선 후기의 문신으로 전라감사였던 이경여李敬輿는 계궁桂宮에, 남원부사 홍석기洪錫箕는 월궁月宮에 비유하여 다음과 같은 시를 지었다.

星河夜冷廣寒樓	은하수 떠 있는 광한루 차가운 밤
烏鵲橋橫近斗牛	오작교 북두와 견우 사이에 있네.
天上人間分物色	천상의 사람들 자연의 경치 분간하여
桂宮留得月千秋	계궁을 달에 머물러두어 천 년을 지내누나.　　(이경여)

龍城南畔廣寒樓	용성의 남쪽 물가에 있는 광한루
樓下飛橋度碧流	누각 아래 구름다리로 푸른 물을 건너네.
銀漢亦非天上有	은하수가 천상에 있는 것 아니라
月宮還在世間不	월궁이 오히려 세상에 있구나.　　(홍석기)

현재의 광한루는 여러 차례 중수를 거쳐 오늘에 이르고 있다. 1582년(선조 15) 전라관찰사 송강 정철鄭澈은 호수에 물을 끌어 들여 삼신산三神山을 만들었고, 남원부사 장의국張義國은 오작교를 축조하였다. 하지만 1597년 정유재란 당시에 모두 불타버린 것을 1626년(인조 4) 남원부사 신감申鑑이 복원한 후 여러 차례 중수가 이루어졌다.

현재 광한루는 정면 5칸 측면 4칸의 팔작지붕 형태이다. 중수하면서 익루翼樓를 설치하여 마치 정자각丁字閣과 비슷하고, 보는 방향에 따라 다 다른 모습이다. 다른 누각과 달리 2층의 기둥 사이에 문을 달아 겨울에 문을 내리면 커다란 방이 되고, 여름에 문을 올리면 널따란 대청마루가 된다. 현재 광한루는 보물로, 연못을 포함한 광한루원廣寒樓苑은 명승으로 지정되어 있다.

전면

후면

우측면

좌측면

충북 제천 청풍淸風의 한벽루寒碧樓는 고을 이름도 누각 이름도 예사롭지 않다. '맑은 바람과 밝은 달淸風明月'의 고장에 '차고 푸른寒碧' 누각이 서 있으니 한벽루에서 바라보는 풍광이 오죽 좋았을까 싶다. 그런 만큼 고려 때 이래로 한벽루를 노래한 유명 인사의 시가 셀 수 없을 만큼 많다. 이 가운데 백미로 치는 것이 《동문선》에 수록된 주열朱悅의 시이다.

水光澄澄鏡非鏡	물빛 너무 맑아 거울 아닌 거울이요
山氣靄靄煙非煙	산 기운 자욱하니 연기 아닌 연기로다.
寒碧相凝作一縣	차고 푸른 기운 서로 엉겨 한 고을 되었거늘
淸風萬古無人傳	청풍을 오래도록 전할 이 없구나.

청풍의 한벽루를 이처럼 주옥같이 노래한 주열은 고려 충렬왕 때 학자였다. 주열의 시에 조선의 대학자 퇴계 이황李滉이 다음과 같이 화답했다.

寒碧樓高入紫冥	한벽루는 높다랗게 자색 하늘로 솟았는데
隔溪相對展雲屏	개울 건너 마주 보니 구름 병풍 펼친 듯하네.
新晴晩倚孤舟望	갓 개인 저녁 외로운 배에 기대어 바라보니
非鏡非煙一抹靑	거울도 아니고 연기도 아닌데 온통 푸르게 칠해졌구나.

주열의 "물빛 너무 맑아 거울 아닌 거울이요 산 기운 자욱하니 연기 아닌 연기로다"라는 시구에 이황이 "거울도 아니고 연기도 아닌데 온통 푸르게 칠해졌구나"라고 화답한 것이다.

조선 중기의 학자 권호문權好文도 《송암집松巖集》에서 주열의 시에 다음과 같이 차운하며 한벽루를 멋지게 묘사하고 있다.

十里寒光水涵月	십 리의 찬 물은 달빛을 머금었고
四圍碧色山如煙	사방의 산 빛은 푸른 안개 같네.
名樓物象正蕭爽	이름난 누각의 모습 맑고 시원한데
誰把淸風塵世傳	누가 청풍의 빼어남을 세상에 전하리.

한벽루가 처음 지어진 것은 1317년(충숙왕 4) 이었다. 이 지역 출신인 청공淸恭 스님이 왕사王師가 되어 청풍현이 청풍군으로 승격된 것을 기념하기 위해서였다. 그 후 1397년(태조 6) 청풍군수 정수홍鄭守弘이 중수하고, 하륜河崙이 〈한벽루중신기寒碧樓重新記〉를 지었다. 오래도록 명성을 유지하던 한벽루는 1983년 충주댐 건설로 현재의 청풍문화재단지로 이전되었다.

수많은 시인과 묵객이 노래했던 한벽루의 풍광은 이제 그림을 통해서만 느낄 수 있다. 조선 후기 서화가인 이방운李昉運의 〈금병산도錦屏山圖〉를 보면 청풍현 객사와 한벽루에서 풍류를 즐기는 선비, 강물에 떠다니는 나룻배, 강 건너 소 쟁기로 밭

〈금병산도〉, 이방운, 국민대학교박물관

가는 농부, 멀리 기암 준봉들이 병풍처럼 둘러친 모습들을 볼 수 있다.

　한벽루는 정면 4칸 측면 3칸 건물에 옆으로 정면 3칸 측면 1칸의 익랑翼廊을 덧붙였다. 마치 남원의 광한루廣寒樓와 밀양의 영남루嶺南樓에 익랑을 두고 있는 것과 같다. 한벽루는 익랑의 계단을 통해 올라가는 구조여서 익랑의 기둥과 바닥의 높이가 다르다. 한벽루는 팔작지붕, 익랑은 맞배지붕으로 모두 계자 난간을 둘렀다. 고려 이래의 오랜 역사와 한벽루를 노래한 수많은 시가 있음에도 누각에는 우암 송시열이 쓴 편액과 하륜의 중수기가 걸려 있을 뿐이다.

　보물로 지정된 한벽루는 이제 새 보금자리로 이사를 했다. 청풍호가 내려다보이는 전망 좋은 곳이지만 예전만 할까 싶다. 아름다운 고을 이름인 청풍도 이제는 제천시 청풍면으로 바뀌었다.

삶의 멋과 여유를 찾다
누정 산책 | III

서원 사찰의 누정

① 서원의 누정

우리나라 최초의 서원은 조선 중종 때 세워진 백운동서원白雲洞書院이다. 1541년 (중종 36) 풍기군수 신재 주세붕周世鵬이 이곳 순흥 출신인 안향安珦(1243~1306)을 배향하는 사당을 세우고, 2년 뒤 유생을 교육하는 서당을 설립하면서부터이다. 이어 1550년(명종 5) 풍기군수로 부임한 퇴계 이황李滉은 백운동서원의 사액과 국가 지원을 요청하여 소수서원紹修書院이라는 어필 현판과 서적·노비를 하사받았다. 일반 서원보다 그 격이 한 차원 높은 국가 공인 사액서원賜額書院의 효시가 된 것이다.

이처럼 우리나라 최초의 서원이자, 최초의 사액서원인 소수서원에는 경렴정景濂亭이 있다. 경렴정은 다른 서원의 누정과 다른 점이 많다. 경렴정은 용도나 양식을 볼 때 누각이 아닌 정자의 형태이다. 소수서원에 뒤이어 많은 서원들이 건립되었지만 안동 병산서원屛山書院의 만대루晩對樓, 달성 도동서원道東書院의 수월루水月樓, 경주 옥산서원玉山書院의 무변루無邊樓와 같이 모두 누각의 형태를 띠고 있다. 뿐만 아니라 경렴정은 다른 서원과 달리 서원의 담장 바깥에 있다.

경렴정은 왜 이처럼 다르게 지어졌을까. 아마 두 가지 이유가 아닐까 싶다. 하

소수서원 입구

서원 담장 밖의 경렴정

나는 백운동서원, 곧 소수서원은 최초로 지어진 서원인 만큼 정형화된 서원의 건축 구조나 형식에서 벗어나 있었기 때문이다. 일반적인 서원의 건축 구조는 '외삼문外三門 - 동재 · 서재東齋 · 西齋 - 강당講堂 - 내삼문內三門 - 사당祠堂'이 차례로 있는 형태이다. 앞쪽에 유생을 교육하는 강학講學 기관이, 뒤편 가장 높은 자리에 선현을 추모하는 제향祭享 기관이 자리한다. 하지만 소수서원은 이와 다르다. 소수서원은 입구에서 보면 우측에 강학기관인 강당과 그 너머에 동재 · 서재가 있고, 사당이 좌측에 있다.

다른 하나는 '경렴정'이라는 이름과 연관된다. 이 정자가 언제 세워졌는지는 확실치 않다. 하지만 1545년(인종 원년)에 주세붕이 지은 시에 정자가 언급되고 있는 점에서, 아마도 백운동서원이 세워질 당시에 함께 지어졌을 것으로 보인다. '백운동서원'이라는 이름을 중국 송나라 주희朱熹의 '백록동서원白鹿洞書院'을 따라 지은 것처럼, '경렴정'이란 이름 또한 송대 성리학의 기틀을 세운 주돈이周敦頤의 호 염계濂溪에서 따온 것이었다. 이른바 '경렴景濂'은 '염계 주돈이의 학문을 환히 밝힌다'는 의미이다. 주돈이는 '염계'라는 개울가에 살았다. 그래서 서원의 담장 밖 개울인 '죽계竹溪'를 '염계'로 삼아 그 옆에 정자를 짓고 그 이름을 '경렴정'이라 불렀던 것이다.

정자에는 '경렴정'이라 쓴 두 개의 편액이 걸려 있다. 하나는 정면에 다른 하나는 안쪽에 있다. 정면의 글씨는 주세붕이 썼다고도 하고, 퇴계 이황이 썼다고도 한다. 초서로 멋들어지게 쓰인 다른 하나는 이황의 제자 황기로黃耆老의 글씨이다. 황기로는 조선 시대 초서를 제일 잘 썼다는 3대 초성草聖으로 알려져 있다. 그런 그가 스승인 퇴계가 보는 앞에서는 차마 떨려서 쓸 수 없다고 하자 이황이 자리를 비켜 주었다는 일화가 전한다.

경렴정은 정면 3칸 측면 1칸의 팔작지붕으로 단출한 모습이다. 경렴정 안에는 주세붕과 퇴계 이황이 지은 시를 비롯하여 여러 현판이 걸려 있다. 다음은 1545년

(인종 원년) 주세붕이 풍기군수로 재임할 때 지은 시이다.

山立祇祇色　　산은 편안한 모습으로 서 있고
溪行亹亹聲　　시냇물은 졸졸 소리 내며 흘러가네.
幽人心有會　　한가하게 노니는 선비 느끼는 바 있어
半夜倚高亭　　한밤중 높은 정자에 기대어 서있누나.

주세붕의 뒤를 이어 서원의 기틀을 세운 퇴계 이황
도 경렴정에서 앞의 시에 차운하여 다음과 같은 시를 남겼다.

草有一般意　　풀잎에도 나름대로 천지의 뜻 있고
溪含不盡聲　　시냇물은 끝없는 소리 머금고 있네.
遊人如未信　　나그네들이여 만일 믿지 못하겠거든
蕭洒一虛亭　　맑고 상쾌한 빈 정자에 올라 보게나.

경렴정이 있는 죽계천 건너편에는 주세붕이 글자를 새겼다는 '경敬자 바위'와
퇴계 이황이 터를 닦고 이름을 붙였다는 누정 '취한대翠寒臺'가 자리하고 있다.

취한대

〈게〉 그림으로 장원급제를 꿈꾸던 함양 남계서원 풍영루

咸陽 濫溪書院 風永樓

조선 시대 선비 문화를 대표하는 경남 함양에는 일두 정여창鄭汝昌(1450~1504)을 배향한 남계서원濫溪書院이 있다. 정여창은 김굉필金宏弼 · 이언적李彦迪 · 조광조趙光祖 · 이황李滉과 함께 동방오현東方五賢으로 불리는 인물이다.

남계서원은 소수서원에 이어 두 번째로 지어진 서원이다. 남계서원은 전형적인 '전학후묘 前學後廟'의 형식이다. 이후에 세워진 서원들은 남계서원과 마찬가지로 '외삼문 - 동재 · 서재 - 강당 - 내삼문 - 사당'의 구조로 건축되었다. 남계서원은 우리나라 서원 건축 구조의 틀을 세운 곳이라고 할 수 있다. 이 서원은 1552년(명종 7) 창건하여 1566년 '남계서원'이라는 사액을 받았다.

풍영루는 남계서원으로 들어가는 문루門樓를 겸한 유생의 휴식처였다. 서원이 처음 지어질 때 대문은 준도문遵道門이었다. 풍영루는 남계서원이 세워진 후 오랜 세월이 흐른 1841년(헌종 7) 준도문 자리에 지은 누각이다. 그러다보니 누각 정면에는 '풍영루', 반대편에는 '준도문'이라는 편액이 걸려 있다. '풍영루'란 이름은 공자와 제자의 대화에 보이는 "무우에서 바람 쐰 후 노래하며 돌아오고 싶다風乎舞雩 詠

而歸"는 말에서 따온 것이고, '준도문'은 "군자는 도를 좇아 행한다君子遵道而行"는 의미를 담고 있다.

풍영루는 정면 3칸 측면 2칸의 팔작지붕인 2층 누각이다. 1층 기둥은 팔각으로 돌을 다듬어 세웠고, 2층은 둥근 나무 기둥이다. 2층은 전망을 위해 사방으로 계자난간을 둘렀다. 풍영루에 오르면 덕유산에서 시작된 남계천과 그 너머로 정여창의 생가인 개평마을이 아스라이 보인다. 풍영루 낙성 당시 후손 정환필鄭煥弼은 〈풍영루기風詠樓記〉를 지으면서 감회에 젖어 다음과 같은 시를 지었다. 다음은 시의 일부이다.

濫水之洋洋兮 可以浴　　　넓디넓은 남계의 물은 몸을 씻을 만하고

高臺之屹屹兮 可以風　　　높디높은 누각은 바람을 쐴만하네

玆樓之適成兮 吾將詠歸颼颼　누각이 마침내 세워지니 내 읊조리며 놀아보리라

2층 누각에 오르면 여러 현판보다 먼저 눈길이 가는 것은 고색창연한 단청과 그림이다. 천장을 올려다보면 마루와 기둥만 제외하고 전체가 그림이다. 지붕 끝 촘촘한 서까래도 마찬가지다. 이 가운데 가장 의미 깊은 것은 '게' 그림이다. 게딱지는 갑甲, 즉 장원급제를 의미한다. 두 마리의 게 그림에는 초시와 복시에서 연이어 장원급제하라는 의미가 담겨 있다. 단원 김홍도金弘道를 비롯한 많은 사람들이 게 그림을 즐겨 그렸다. 대들보에는 입신양명을 상징하는 청룡과 황룡이 살아있는 듯 꿈틀거리는 모습이 그려져 있다. 남계서원에서 공부하던 유생들은 풍영루에서 휴식을 취하며 이 그림들을 보고 장원급제의 꿈을 키웠을 것이다.

굽이굽이 흙먼지 날리는 길을 가다 다람재에 올라서면 낙동강을 내려다보며 자리한 도동서원道東書院 전경이 눈에 들어온다. 서원 앞에는 사액된 기념으로 한강 정구鄭逑가 심었다는 400년 넘은 은행나무가 아직도 그 자리를 지키고 있다. 은행잎이 노랗게 물들 때면 전국의 사진가들이 그 모습을 담으려고 모여드는 곳이다.

도동서원은 한훤당 김굉필金宏弼(1454~1504)과 추후에 배향된 한강 정구를 모신 서원이다. 1568년(선조 1) 정구는 김굉필을 배향한 쌍계서원을 건립하고 1573년에 쌍계서원雙溪書院이란 사액을 받았다. 그러나 임진왜란 때 불타 버리자 1604년 현재의 위치에 다시 사당을 짓고, 이듬해 강당을 지어 서원을 재건하였다. 당시의 서원 이름은 보로동서원甫勞洞書院이었다가 1607년(선조 40) '도동서원道東書院'이란 사액을 받았다. '공자의 도가 동쪽으로 왔다'는 의미이다.

무오사화·갑자사화에서 죽임을 당한 김굉필은 유학사에서 중요한 인물이다. 그는 학문적으로 정몽주鄭夢周 - 길재吉再 - 김숙자金叔滋 - 김종직金宗直으로 이어지는 우리나라 유학사의 정통을 계승하였다. 그의 학문은 다시 제자인 조광조趙光祖·김

일손金馹孫은 물론이며 이언적李彦迪을 거쳐 이황李滉에게 이어진다. 김굉필은 1610년 동방오현(김굉필·정여창·조광조·이언적·이황)을 문묘에 배향할 때 가장 앞선 자리에 있던 인물이다.

　도동서원의 공간은 은행나무 뒤로 '수월루 - 환주문 - 동·서재 - 강당(중정당) - 내삼문 - 사당'이 일렬로 이어진다. 전형적인 '전학후묘' 구조이다. 유생들의 휴식 공간이자 문루인 수월루水月樓도 창건 당시에는 없다가 1849년 처음 지어졌다. 현재의 수월루는 1888년 화재로 소실된 것을 1973년 다시 지은 건물이다. 수월루는 말 그대로 '물에 비친 달'을 의미한다. 누각에 오르면 앞으로 낙동강의 물줄기와 주변 경관이 펼쳐진다.

누정 산책

　　수월루는 정면 3칸 측면 2칸의 팔작지붕으로 2층 누각이다. 함양 남계서원의
풍영루와 마찬가지로 수월루도 측면 가운데 기둥이 담장으로 이어지면서 앞으로 1
칸, 뒤로 1칸 튀어나온 구조이다. 1층 중앙 기둥 사이로 세 개의 문을 달았고, 2층으
로 오르는 계단이 양옆으로 붙어 있다. 2층 누각은 사방이 트인 마루이고 계자 난간
을 둘렀다.

　　도동서원의 모든 건물이 단아한 맞배지붕인데 비해 수월루는 팔작지붕이다.
도동서원의 강당인 중정당中正堂과 담장은 보물로 지정되어 있다. 여름날 배롱나무
에 붉은 꽃이 필 때면 담장과 어우러져 아름다운 모습을 보여준다.

우리나라에는 유명한 서원들이 많이 있다. 그 가운데 사람들이 가장 가보고 싶어 하는 서원은 어딜까. 바로 안동의 병산서원屛山書院이다. 서원 앞으로 하얀 모래톱과 낙동강이 흐르고, 그 너머 병풍같이 둘러쳐진 병산이 자리하는 곳이다. 발품을 팔아 강 건너 병산屛山에 오르면 병산서원의 또 다른 모습이 펼쳐진다. 특히 여름날 배롱나무에 꽃이 필 때면 무릉도원이 따로 없다. 주산인 화산花山 아래 자리한 병산서원이 마치 불타고 있는 듯한 모습이다. 거기에 우리나라 서원의 누각 가운데 최고라 할 수 있는 만대루晚對樓가 병산서원을 더욱 빛내준다.

안동의 병산서원은 《징비록懲毖錄》을 쓴 서애 류성룡柳成龍(1542~1607)과 추후에 배향된 그의 셋째 아들 류진柳袗을 향사하는 곳이다. 병산서원의 전신은 풍산현에 있던 풍악서당豊岳書堂으로 류성룡이 1572년(선조 5) 지금의 병산으로 옮겼고, 류성룡이 죽자 1613년(광해군 5) 사당인 존덕사尊德祠가 더해져 서원으로 자리를 잡았다. 1863년(철종 14) '병산서원'이라는 사액을 받았지만 철종이 승하하여 편액은 받지 못했다.

병산서원은 다른 서원과 다를 바 없는 전형적인 구조이다. 그런데도 병산서원에 대한 예찬은 끝이 없다.

'우리나라에서 가장 아름다운 서원, 한국 건축사의 백미'

'건축가들의 영원한 텍스트'

'자연과 하나 되는 이상적 공간'

정말 그렇다. '외삼문(복례문) - 누각(만대루) - 동재·서재 - 강당(입교당) - 내삼문 - 사당(존덕사)'이 차례로 배치된 전형적인 서원 구조이다. 그럼에도 각 건물마다 들어선 자리가 절묘하다. 그 절정에 만대루가 있다. 유생들을 가르치는 입교당立敎堂에서 바라보면 좌우에 동재와 서재가 있고, 정면에 7칸이나 되는 만대루가 가로막고 있어 답답할 듯하지만, 전혀 그렇지 않다. 입교당에서 만대루 너머를 바라보면 마치 7폭 병풍의 그림을 보는 듯하다.

만대루는 정면 7칸 측면 2칸에 2층 누각의 팔작지붕이다. 2층을 떠받치고 있는 다듬지 않은 주춧돌과 우람한 18개 기둥의 다양한 모습이 정말 너무나 자연스럽다. 누각으로 오르는 계단도 예사롭지 않다. 시야를 거슬리지 않게 한쪽 구석에 세워진 나무 계단은 도끼질 몇 번 한 것 같은 자연스러움이 느껴진다.

역시 절정은 만대루에 올라 바라보는 모습이다. 사방으로 탁 트인 만대루에 오르면 시선을 돌리는 곳마다 그림 같은 풍경이 눈에 들어온다. 멀리 강 건너의 병산 - 낙동강 - 하얀 모래톱 - 서원 주위의 배롱나무로 이어지는 모습은 말로 표현하기 어려운 절경이다. 거기에 시원스런 바람까지 불어주면 천국이 따로 없다. '만대晚對'는 두보杜甫의 시에 나오는 "푸른 절벽은 오후 늦게 대할 만하다翠屛宜晚對"는 구절에서 따온 이름이다. 저녁 무렵 보름달이 뜬 모습이 어떨지 궁금해진다. 정말 병산서원, 그중에서도 만대루는 우리나라 건축의 백미이다.

병산서원 만대루와 겨루는
경주 옥산서원 **무변루**

영남 지방에는 우리나라 5대 서원으로 불리는 이름난 서원들이 있다. 영주의 소수서원, 안동의 도산서원·병산서원, 달성의 도동서원, 경주의 옥산서원이다. 이들 서원 가운데 옥산서원玉山書院의 무변루無邊樓는 병산서원의 만대루晩對樓와 더불어 가장 아름다운 누각이다.

옥산서원은 회재 이언적李彦迪(1491~1553)을 배향한 서원이다. 이언적은 김굉필·정여창·조광조·이황과 함께 동방오현으로 불린다. 옥산서원은 1572년(선조 5) 경주부윤 이제민李齊閔이 그를 기리기 위해 지었고, 2년 뒤 선조로부터 '옥산서원'이라는 사액을 받았다. 서원은 이언적이 낙향하여 살던 독락당獨樂堂으로부터 500m 남짓한 거리에 있다. 이언적은 오늘날 유네스코 세계문화유산으로 지정된 경주 양동마을의 본가를 떠나 자옥산 아래에 독락당과 계정溪亭을 짓고 여생을 보냈다.

옥산서원과 독락당은 자옥산과 도덕산이 바라보이며 주위로 자계천이 흐르는 경관 좋은 곳에 자리하고 있다. 회재 이언적은 독락당과 계정에 기거하면서 주변 냇가의 바위 다섯 곳에 이름을 붙였다. 그 가운데 경치가 가장 좋은 세심대洗心臺 부

근에 옥산서원이 자리잡고 있다. 옥산서원과 독락당 주변에는 숲이 우거지고 맑고
시원한 냇물이 흘러 여름이면 주민들의 피서지가 된다.

옥산서원도 전형적인 서원 건축 구조를 띠고 있다. '외삼문(역락문) - 누각(무변
루) - 동재·서재 - 강당(구인당) - 내삼문 - 사당(체인묘)'이 차례로 있다. 무변루는 정
면 7칸 측면 2칸에 맞배지붕의 2층 누각이다. 그런데 강당인 구인당求仁堂에서 바라
보면 정면 5칸 측면 2칸에 단층처럼 보인다. 그 이유가 있다. 완주 화암사花巖寺의 사
방 네 건물이 처마를 맞대고 있듯이 옥산서원도 구인당·동재·서재·무변루가
서로 처마를 맞대어 'ㅁ'자 모양이다. 그러다보니 무변루 양끝이 동재와 서재에 가
려져 2칸이 안 보이기 때문이다.

무변루는 여타의 일반적인 누각과 다른 점이 많다. 안동 병산서원의 만대루는
서원과 함께 건축된 것이 아니라 나중에 지은 것이다. 그와 달리 무변루는 옥산서
원을 처음 건축할 때 함께 만들어졌다. 무변루라는 누각과 동·서재의 이름을 지은
것은 미암 유희춘柳希春이었다. 경주부윤 이제민李齊閔의 부탁을 받은 홍문관부제학
유희춘은 1574년(선조 7) 발문과 함께 누각 이름을 '무변루'라 하였다. '무변無邊'은
말 그대로 '세상의 끝닿는 데가 없다'는 뜻이다.

서원의 누각은 문루이자 유생들의 휴식 공간이다. 그런데 옥산서원 무변루는
숙식을 할 수 있는 특이한 구조이다. 정면 7칸 가운데 중앙의 1층 3칸에는 출입문을
내었고, 그 양옆으로 2층 온돌방의 구들과 아궁이가 있다. 2층을 보면 중앙에 정면

3칸 측면 2칸의 마루와 마루 양옆으로 정면 1칸 측면 2칸의 온돌방 두 개가 있는 구조이다. 그리고 그 양 끝에 정면 1칸 측면 2칸의 마루가 덧대어 있고, 세 면에 툇마루를 놓고 계자 난간을 둘렀다.

무변루의 두 개의 방은 옥산서원을 방문한 사람들의 숙식처로 이용되었다. 문집을 보면 무변루에 유숙했던 문인들의 기록이 여럿 보인다. 그 가운데 조선 후기 장복추張福樞의 《사미헌집四未軒集》을 보면 냇가의 무변루에 머무르면서 독락당 계정의 현판시에 차운한 시가 실려 있다.

降我先生任繼開　　하늘이 우리 선생을 내시어 열고 잇는 임무를 맡기니
河南道脉海東來　　하남의 도통이 우리나라로 왔도다.
而今獨抱虹橋恨　　지금 도맥이 끊어진 한을 안고 있으니
寒月空留水上臺　　차가운 달빛 부질없이 물가의 누대에 머무르네.

'무변루'라 쓰인 편액도 특이하게 입구 쪽이 아닌 반대편 누각의 대청 중앙 안쪽에 걸려 있다. 강당의 '옥산서원' '구인당' 편액과 마주 보고 있는 셈이다. 무변루의 대청이 바깥으로 판문을 달아 막혀있는 반면, 강당 쪽으로 트이게 개방하여 내부 공간이 강조되었기 때문이다. '무변루'와 '구인당' 편액은 석봉 한호韓濩의 글씨이고, '옥산서원' 편액은 추사 김정희金正喜의 글씨이다.

　　호남 지방 지성의 산실, 장성 필암서원筆巖書院은 유네스코 세계문화유산 잠정 목록에 오른 9개 서원 가운데 유일하게 전라남도에 자리하고 있는 서원이다. 필암서원은 영주 소수서원 · 경주 옥산서원 · 안동 도산서원과 병산서원 · 달성 도동서원 · 함양 남계서원 · 정읍 무성서원 · 논산 돈암서원과 어깨를 나란히 하며 우리나라 서원을 대표하고 있다. 확연루廓然樓는 필암서원의 문루이자 유생들의 휴식 공간이다. 누각보다 키 큰 은행나무가 확연루의 품격을 높여준다.

　　필암서원은 하서 김인후金麟厚(1510~1560)를 기리는 서원이다. 장성에서 태어난 김인후는 세자였던 인종의 교육을 담당할 정도로 학덕이 높았다. 중종이 죽고 인종이 즉위하였지만 얼마 안 되어 인종이 죽자 낙향하여 평생 학문과 후학 양성에 전념하였다. 그는 스승 김안국金安國과 마찬가지로 인간 교육의 바탕이 되는《소학小學》을 중시하였다.

　　필암서원은 1590년(선조 23)에 창건된 후 정유재란 당시 소실되어 1624년(인조 2) 복원되었고, 1662년(현종 3) '필암서원'이라는 사액을 받았다. 당시 필암서원이

들어선 위치가 수해를 당하기 쉬운 곳이어서 1672년에 현재 위치로 이건하였다. 아울러 이 때 진원현의 객사를 옮겨 유생을 교육하는 강당인 청절당淸節堂을 만들었다.

필암서원도 '전학후묘前學後廟'의 형태이다. '전학후묘' 구조를 처음으로 도입한 남계서원와 마찬가지로 '문루(확연루) - 동·서재 - 강당(청절당) - 사당(우동사)'의 구조이다. 하지만 필암서원은 다른 서원과 달리 누각과 강당이 마주 보고 있는 것이 아니라 강당이 등을 돌리고 있다. 휴식 공간, 강학 공간, 제향 공간이 독립된 구조인 것이다.

현재의 확연루는 1752년(영조 28) 화재로 전소되어 다시 중건한 건물이다. 1760년 김시찬金時粲이 지은 〈확연루기廓然樓記〉에서 그 내용을 확인할 수 있다. 확연루는 정면 3칸 측면 3칸의 팔작지붕인 2층 누각이다. 확연루가 문루이기 때문에 함양의 남계서원 풍영루와 마찬가지로 좌우로 담장이 이어져 있다.

확연루는 바깥쪽에서 보면 1층 기둥 사이로 세 개의 문을 만들어 오른쪽 문으로 들어가고 왼쪽 문으로 나오게끔 되어 있다. 2층도 세 개의 널문을 달아 바깥쪽으로 열 수 있게 만들었고, 측면 양쪽에도 2칸의 널문을 달았다. 2층 전체가 마루이지만 세 면의 문을 닫을 경우 안쪽으로만 개방된 형태이다. 널문이 안 달린 부분에는 난간을 둘렀다. 누각 양쪽에 '확연루' 편액이 걸려 있다. '확연루'는 우암 송시열宋時烈, 청절당 처마의 '필암서원'은 병계 윤봉구尹鳳九, 대청마루의 '청절당'은 동춘당 송준길宋浚吉이 쓴 것이다.

전라북도 정읍의 무성서원武城書院 현가루絃歌樓는 서원으로 들어가는 문루이자 유생들의 휴식처로 이용되던 곳이다. 무성서원은 유네스코 세계문화유산 잠정목록에 오른 9개 서원 가운데 전라북도에 자리한 유일한 서원이다. 무성서원은 통일신라 시대의 고운 최치원崔致遠(857~?)을 배향한 서원이다.

최치원은 당나라에 있을 때부터 문명을 날린 대유학자였다. 6두품이던 최치원은 골품제로 인해 자신의 꿈을 펼치지 못한 불운한 인물이었다. '고운孤雲'과 '해운海雲'이라는 그의 호에서 알 수 있듯이 말 그대로 뜬구름처럼 살았던 그였다. 언제 어떻게 죽었는지 알 수 없는 삶을 살았다. 마지막 은둔지였던 합천 농산정에서 신선이 되어 하늘로 올라갔다는 전설 같은 이야기를 남기기도 하였다.

하지만 그가 남긴 발자취는 오늘날까지 이어져 오고 있다. 그가 지은 《계원필경桂苑筆耕》뿐만 아니라 지방의 외직을 전전하면서 남긴 치적은 오늘날까지 칭송되고 있다. 경남 함양의 태수가 되어 수해를 방지하기 위해 만든 상림上林은 지금 천연기념물이 되어 주민의 안식처가 되었다. 아울러 현재 정읍시 태인면에 자리한 피향

정披香亭도 그가 태산태수로 재임할 때 만든 것으로 보물로 지정되어 있다.

최치원이 무성서원에 배향된 것은 그가 태산태수를 지내며 선정을 베풀었기 때문이다. 무성서원은 최치원의 학행을 추모하기 위해 세운 태산사泰山祠에 기원을 두고 있고, 1696년(숙종 22) '무성서원'이라는 사액을 받았다. 무성서원은 '정문(현가루) - 강당(명륜당) - 사당(태산사)'이 일렬로 있는 구조이다.

'현가絃歌'는 '악기를 연주하고 노래를 부른다'는 의미이다. 무성서원의 문루인 현가루는 1891년(고종 28)에 만들어졌다. 안동 병산서원의 만대루와 마찬가지로 후대에 건축한 것이다. 이후 1903년의 중수를 거쳐 오늘에 이르고 있다. 문루이니만큼 현가루 좌우로 담장이 이어진다.

누정 산책

무성서원 현가루기

현가루는 정면 3칸 측면 2칸의 팔작지붕으로 2층 누각이다. 1층 나무 기둥 사이로 세 개의 문을 내었고, 2층은 사면이 트인 마루가 놓인 구조이다. 2층 누각에는 〈무성서원 현가루기武城書院絃歌樓記〉를 비롯한 여러 현판이 걸려 있다. 무성서원은 우리나라 9대 서원 가운데 가장 아담한 형태이다.

〈외로운 구름〉 최치원을 기리는 정읍 무성서원 현가루

2 사찰의 누정

널리 알려진 절집에는 오래되거나 멋스러운 누각들이 있다. 장성 백양사의 쌍계루雙溪樓, 순천 선암사의 강선루降仙樓, 영주 부석사의 안양루安養樓, 구례 화엄사의 보제루普濟樓, 완주 송광사의 종루鍾樓・화암사의 우화루雨花樓 같은 곳이다. 이들 누각은 세워진 위치, 건축 양식, 쓰임새가 제각각이다. 쓰임새를 보면 선암사 강선루와 부석사 안양루는 사람들이 출입하는 문루로, 화엄사 보제루와 화암사 우화루는 대웅전 같은 불당과 마주하며 법회를 여는 강당으로, 송광사 종루는 범종을 걸어 두는 누각으로 각각 이용되고 있다. 쓰임새가 다른 만큼 건축 양식도 다르다. 누각은 사방을 탁 트이게 만드는 것이 일반적이지만 강당과 같이 사용되는 보제루나 우화루는 한 면만 개방되고 세 면은 벽으로 막혀 있다.

우리나라 사찰의 누각 가운데 가장 돋보이는 것은 영주 부석사의 안양루이다. 부석사의 역사성과 건축 양식, 주위의 자연환경과 어우러진 안양루는 단연 독보적이다. 부석사는 676년(문무왕 16) 의상대사義湘大師가 창건한 유서 깊은 절이다. 우리나라에서 두 번째로 오래된 목조 건축물인 무량수전無量壽殿을 비롯해서 석등・조사당·조사당 벽화·소조여래좌상 등 국보만 무려 다섯 점이 있다.

　가람의 배치나 건축미도 빼어나다. 사찰의 경내로 진입하는 일주문과 당간지주, 사천왕상이 있는 천왕문과 법고·목어가 있는 범종각을 차례로 오르면 높다란 막돌 기단 위에 우뚝 선 안양문이 천상의 세계로 인도한다. '안양安養'이란 극락, 곧 아미타불이 주재하는 불국토를 의미한다. 이 안양문을 지나야만 아미타불을 모신 무량수전과 마주할 수 있다.

　안양문 아래가 세속의 세계라면, 안양문을 들어서는 순간부터 천상의 세계, 극락의 세계로 변모한다. 이제 '안양문'도 천상의 세계에서는 '안양루'로 탈바꿈한다. 같은 건물이라도 용도에 따라 안양문에서 안양루로 그 이름이 달라지는 것이다.

　안양루에서 바라보는 풍광은 정말 신선의 세계이고, 천상의 세계이다. 가까이는 범종각·천왕문·일주문이 발아래 도열해 있고, 멀리는 소백산 자락이 병풍처럼 둘러쳐 있다. 봄이면 일주문까지 초록의 은행잎과 하얀 사과꽃이, 가을이면 노란 은행잎과 빨간 사과가 장관을 이룬다. 멀리 보이는 소백산은 해 질 무렵, 비 온 뒤에는 더욱 장관이다. 누구나 안양루에 올라서면 신선이 된다.

　조선 시대에 가장 바람같이 신선같이 살다간 사람은 누구일까. 아마도 방랑 시

인 김삿갓으로 잘 알려진 김병연金炳淵이 아닐까. 그런 그가 안양루에 올라 자연의 아름다움과 세월의 무상함을 노래한 시가 지금도 안양루에 걸려 있다.

平生未暇踏名區	생에 여가 없어 이름난 곳 못 왔더니
白首今登安養樓	머리 허옇게 센 오늘에야 안양루에 올랐구나.
江山似畵東南列	그림 같은 강산은 동남으로 벌려있고
天地如萍日夜浮	천지는 부평 같아 밤낮으로 떠 있구나.
風塵萬事忽忽馬	지나간 모든 일이 말 타고 달려온 듯
宇宙一身泛泛鳧	우주 간에 내 한 몸이 오리 마냥 헤엄치네.
百年幾得看勝景	백 년 동안 몇 번이나 이런 경치 구경할까
歲月無情老丈夫	세월은 무정하다 나는 벌써 늙어 있네.

안양루는 2단으로 쌓은 기단 위에 지은 정면 3칸 측면 2칸의 팔작지붕 건물이다. 안양문 아래에서 보면 2층 구조이지만, 마주한 무량수전에서 보면 단층 누각같이 보인다. 누각 아래 1층은 자연석 초석 위에 그랭이질한 기둥을 세웠다.

벼랑 끝에서 바다와 마주한
양양 낙산사 **의상대**

襄陽 洛山寺 義湘臺

　　관동팔경의 하나인 양양 낙산사洛山寺. 이른바 관동팔경은 북녘의 통천 총석정과 고성 삼일포, 그리고 남한 땅의 간성 청간정 · 양양 낙산사 · 강릉 경포대 · 삼척 죽서루 · 울진 망양정 · 평해 월송정을 일컫는다. 이러한 관동팔경은 조선 중기 신집申楫의 《하음집河陰集》에 처음으로 등장한다. 이 가운데 삼일포와 낙산사를 제외하고 모두 경관 좋은 누정이다. 삼일포는 경관이 아름다운 호수이며, 낙산사는 관동팔경 중에 유일한 사찰이다.

　　낙산사는 신라의 고승 의상대사가 지은 유서 깊은 절이다. 일연一然의 《삼국유사三國遺事》를 보면 전설 같은 이야기가 전한다. 의상은 바닷가 동굴에 관음보살이 있다는 이야기를 듣고 이곳에 와서 7일을 기도한 후 관음보살을 만난다. 그리고 관음보살이 이야기 한 자리에 절을 짓고 이름을 낙산사라 했다는 것이다.

　　그런데 후대에 이야기가 더해졌다. 의상대사가 수도한 절벽 위 누정을 의상대義湘臺라 하고 관음보살이 바다에서 연꽃을 타고 솟아오른 자리 곁에 절을 지어 홍련암紅蓮庵이라 했다는 것이다. 이런 이야기가 언제부터 시작되었는지 알 수 없다. 지

금도 낙산사의 가장 큰 볼거리로는 해수관음상과 더불어 바다와 마주한 의상대와 홍련암이 꼽힌다.

사실 관동팔경의 이름을 붙이자면 '낙산사'보다는 '낙산사 의상대'나 '낙산사 홍련암'이 더 어울린다. 하지만 '낙산사 의상대'나 '의상대'라는 명칭은 사료에 거의 찾아지지 않는다. 《조선왕조실록》에도 선조 때 의상대라는 단순한 명칭이 단 한 번 밖에 나오지 않는다. 의상대가 널리 알려지게 된 것은 바로 송강 정철鄭澈의 〈관동별곡關東別曲〉 때문이었다. 낙산사의 의상대에 올라 다음과 같이 일출을 노래했다.

배꽃은 이미 지고 소쩍새 슬피 울 제
낙산 동쪽 언덕 의상대에 올라 앉아
일출을 보려고 한밤중에 일어나니
상서로운 구름이 뭉게뭉게 피어오르고
육룡이 해를 떠받치는 듯

바다에 떠오를 때 온 세상을 울리더니

하늘에 해 뜨니 터럭 한 올도 셀 수 있네

혹시나 먹구름이 머무를까 걱정인데

시선은 어디 가고 시구만 남았는가

천지 간 장안 소식 자서하기도 하구나

조선 중기의 문인 유몽인柳夢寅이 지은 《어우집於于集》에도 관동팔경인 총석정·경포대와 함께 의상대가 나타난다. 예컨대 "원수대·총석정·군옥대·만경대·의상대·하조대·경포대·삼일포·선유담·영랑호·화진포가 모두 바닷가의 빼어난 돌과 맑은 모래로 이루어져 다 옥과 같이 진귀하고 기괴한 형상이다"라는 것이다. 조선 후기의 대학자인 미수 허목許穆도 《미수기언眉叟記言》에 당시 양양부사였던 강호姜鎬와 함께 의상대에서 밤새 놀며 다음과 같은 글을 남겼다.

저녁에 의상대에서 놀고 밤이 되어 월출을 구경하였다. 그날은 8월 18일이었다. 바다에는 비가 잦아 구름이 감돌다 걷혔다 다시 끼곤 하였다. 달이 뜨자 그 빛이 환하여 바라볼 만하였다. 아침이 되니 날이 흐리다 잠시 갰는데, 바다에 광채가 나더니 햇빛이 번쩍이며 자줏빛 기운이 뒤섞여 황홀한 광경이 매우 기이하였다.

예나 지금이나 낙산사의 의상대는 해돋이를 보는 명소였다. 송강 정철도 〈관동별곡〉에서 의상대의 해돋이를 놓칠까 노심초사했었고, 미수 허목도 해돋이는 물론이고 달이 뜨는 것까지 즐기고 있었다.

현재의 의상대는 1925년 낙산사 주지 김만옹 스님이 지은 것을 여러 차례 중수한 것이다. 의상대는 해안가 벼랑 위에 육모형으로 아담하게 지어졌다. 낙락장송과 어우러진 의상대의 모습은 신선들이 장기나 바둑 두며 노니는 장소처럼 느껴진다.

해수관음상

의상대

홍련암

국보와 보물이 겨루는

우리나라에서 가장 오래된 목조 건축물은 고려 시대에 지어진 안동 봉정사 극락전과 영주 부석사 무량수전이다. 모두 불상을 모셔둔 사찰의 건축물이다. 사찰에는 대웅전·극락전·무량수전과 같이 불상을 모신 전각 말고도 커다란 건축물이 있다. 바로 누각이다. 화엄사 보제루, 통도사 만세루와 같은 것이다. 보통 사찰의 누각은 문루로서 대웅전 같은 전각과 마주하면서 승려와 신도들의 집회 장소인 강당으로 많이 이용되었다.

사찰의 누각을 대표하는 것 가운데 하나가 바로 완주 화암사花巖寺의 우화루雨花樓이다. 누정 가운데는 밀양의 영남루嶺南樓나 삼척의 죽서루竹西樓와 같이 보물로 지정된 경우도 있지만, 사찰의 누각 중에 보물은 화암사 우화루와 완주 송광사의 종루鍾樓밖에 없다. 화암사는 신라 때 창건된 사찰로 원효와 의상이 여기에서 수도했다고 전한다. 그 후 1429년(세종 11)에 중창한 이래 1711년(숙종 37)까지 여섯 차례 중수했다고 한다. 화암사 극락전은 우리나라에서 유일한 하앙식下昻式 구조의 건축물로 국보로 지정되어 있다. 하앙식이란 처마를 받치는 부재를 하나 더 설치해 처마

를 더 길게 내밀게 하는 건축 기법을 말한다.

불명산 중턱에 자리 잡은 화암사는 사찰의 규모도 구조도 단순하다. 화암사는 입구의 우화루와 극락전이 서로 마주하고, 그 좌우에 승방이 있는 'ㅁ'자 구조이다. 'ㅁ'자 마당도 3칸의 우화루와 극락전, 4칸의 적묵당과 3칸의 요사채가 마주하며 둘러싸인 좁은 공간이 전부이다. 정말 아담한 절이다. 시인 안도현이 〈화암사, 내 사랑〉이라는 시에서 표현했듯이 '잘 늙은 절 한 채'이고, 남에게 알려주지 않고 나만이 간직하고 싶은 절이다.

하지만 화암사를 만나러 가는 길은 쉽지 않다. 화암사 아래 주차장까지 가는 길도 멀지만 주차장부터 걸어가려면 꽤 발품을 팔아야 하고, 차로 가려면 위험을 감수해야 한다. 그래도 '잘 늙은 절 한 채'는 땀 흘린 수고를 몇 배로 갚아 준다.

계곡을 올라 처음 마주치는 것이 우화루이다. '우화雨花', '꽃비가 내린다'. 아니 '꽃비를 바라본다'는 뜻이다. 이름만으로도 그 정경이 마음에 와 닿는다. 우화루는 계곡과 암반 사이에 터를 잡다보니 계곡 쪽으로 축대와 기둥을 세워 바깥에서

보면 2층 누각이지만, 안으로 들어가면 단층이다. 절 안으로 들어가는 문은 우화루와 지붕 끝이 닿아 있는 적묵당寂默堂에 연결된 행랑채 문을 지나야 한다. 이렇게 소박한 절집이 또 어디 있을까.

　　1611년(광해군 3)에 지어진 우화루는 정면 3칸 측면 3칸의 맞배지붕에 풍판을 단 다포양식이다. 절 입구에 자리한 우화루 처마에는 '불명산화암사佛明山花巖寺', 극락전 쪽에는 '우화루'라는 편액이 걸려 있다. 정면 3칸 건물이지만 1층은 기둥 5개를 세워 4칸인 셈이다. 우화루 정면 3칸 중에 중앙이 넓어 이를 지탱하는 기둥 하나를 더 세웠기 때문이다. 막돌인 주춧돌과 자연 그대로의 나무 색감과 질감을 가진 기둥은 오랜 연륜의 우화루를 그대로 보여주고 있다. 우화루는 극락전 쪽을 제외한 세 면이 막혀 있는 형태이다. 계곡 쪽 세 곳에는 창을 내어 열고 닫게 되어 있다. 우화루 양옆의 흙벽에는 고색창연한 벽화가 희미하게 남아 있고, 빛바랜 목어木魚는 화암사 우화루를 더 빛내 준다. 국보 극락전과 보물 우화루가 마주하는 화암사는 정말 잘 늙은 절집이다.

송광사松廣寺 하면 누구나 승보사찰僧寶寺刹인 전남 순천 조계산에 자리한 송광사를 생각한다. 그런데 한글도 한자도 똑같은 송광사가 전북 완주의 종남산에도 있다. 완주의 송광사에는 보물로 지정된 누각이 있다. 우리나라 사찰의 누각 가운데 보물로 지정된 것이 두 곳이다. 하나는 완주 화암사 우화루雨花樓이고, 다른 하나는 같은 지역에 자리한 송광사 종루鍾樓이다. 두 곳 모두 전북 완주에 있는 사찰이지만 거리는 30km나 떨어져 있다. 두 누각의 쓰임새도 다르다. 화암사 우화루는 승려와 신도가 모이는 강당으로, 송광사 누각은 범종·법고가 달려 있는 말 그대로 종루로 사용되고 있다.

송광사의 창건에 대해서는 여러 견해가 있다. 하지만 현존하는 대웅전과 종루는 1857년(철종 8) 다시 중수된 것이다. 대웅전과 종루 모두 보물로 지정되어 있다. 거기에 우리나라에서 가장 빼어난 것으로 평가되는 천왕문의 사천왕상四天王像도 보물이다.

송광사 종루는 우리나라에서 유일한 십자형 누각이다. 창덕궁 부용정芙蓉亭과 수원 화성의 방화수류정訪花隨柳亭도 십자형 건물이지만 명칭 그대로 누각이 아닌 정자이다. 송광사 종루는 2층 누각의 형태이다. 가운데 범종을 중심으로 동서남북으로 1칸씩 덧붙여 십자의 형태가 되는 구조이다. 십자형 건물은 만들기가 까다롭지만 완성된 형태를 보면 굉장히 화려하다. 송광사 종루도 마찬가지이다.

종루의 1층에는 생긴 모습이 다른 막돌 위에 그랭이질한 기둥 12개를 세웠다. 어느 방향에서 보든지 4개의 기둥이 나열된 모습이다. 그 기둥은 두께도 모양도 제각각이어서 자연스런 모습을 보여준다. 2층의 누마루에는 중앙에 종을 걸고 법고·목어·운판을 돌출된 곳에 놓았다. 십자형 마루 끝에는 전체적으로 계자 난간을 둘렀다. 『조선고적도보』에 실린 종루의 예전 사진을 보면 난간이 안 보이는데 언제 만든 것인지 알 수가 없다.

종루의 가장 화려한 부분은 지붕이다. 지붕의 높이가 전체 누각 높이의 1/3 이상이 되는 높다란 모습으로 마치 사방으로 하늘 향해 두 팔을 벌리고 있는 듯하다. 공포도 다포로 조성하고 공포대를 높여 화려함을 극대화하였다. 보통 사모지붕이나 육모지붕에 올리는 절병통節瓶桶을 네 면이 만나는 용마루 교차점에 얹어 마무리하였다.

같은 시기에 만들어져 보물로 지정된 송광사 대웅전은 정면 5칸 측면 3칸의 팔작지붕이다. 사면에 처마를 지탱하는 활주를 세웠다. 공포는 종루와 마찬가지로 다포 형식으로 공포대를 길게 해서 화려하다. 다른 건물에 비해 가운데 칸이 좁고, 문위 벽면에 탱화를 그려 넣었다. 내부의 천장에도 부처에게 공양을 올리는 비천상이 그려져 있다. 완주 송광사에는 대웅전과 종루 외에도 사천왕상과 소조불상 등 4점의 보물이 있다. 그중에서도 우리나라에서 유일한 십자형 누각인 종루는 남다른 의미가 있다.

우리나라에서 가을 단풍으로 가장 손꼽히는 내장산 국립공원은 크게 두 구역으로 나눠진다. 내장사內藏寺가 있는 내장산과 백양사白羊寺가 있는 백암산 구역이다. 내장사는 전북 정읍, 백양사는 전남 장성에 속한다. 두 곳 모두 가을 단풍으로 우열을 가리기 힘들 정도로 아름답다. 이 가운데 특히나 아름다움을 뽐내는 곳이 있다. 백양사에는 하얀 백학봉을 뒤로하고 계류가 흐르다 수정같이 맑은 못을 이루는 자리에 쌍계루雙溪樓가 있다. 단풍이 절정일 때 여행객은 물론이고 전국의 사진가들이 자리다툼 하는 명소이다. 아니 봄여름가을겨울 사진가의 모델이 되는 곳이 바로 백양사 쌍계루이다.

백양사의 첫 이름은 백암사白巖寺였다. 백암사는 고려 때 정토사淨土寺로, 조선 때 백양사로 개칭되었다고 한다. 하지만 백양사의 창건이나 절 이름이 변경된 시기는 명확지 않다. 글마다 책마다 다르다. '백암사 - 정토사 - 백양사'로 이름이 바뀌었지만 옛 사람들은 주로 백암사라 불렀다. 사찰 뒤로 백암산이 있기 때문이다.

사실 백양사는 널리 알려진 절이 아니었다. 백양사를 유명하게 만든 것은 바로 쌍계루였다. 고려 말 수문하시중을 지낸 행촌 이암李嵒의 아우이자 승려인 청수 운암淸叟雲菴이 쌍계루를 중건할 때 목은 이색李穡이 기문을 짓고, 포은 정몽주鄭夢周가 시를 쓰면서 널리 알려졌다. 이색과 정몽주는 고려 말은 물론 조선 시대에도 최고로 추앙받던 인물이다. 그런 만큼 고려 말부터 조선 시대에 쌍계루를 다녀가며 남긴 시들이 200편이 넘는다고 한다.

《신증동국여지승람》에 이색의 기문과 정몽주의 시가 자세하게 기록되어 있다. 그 내용을 보면 운암이 무너진 누각을 중건하면서 친분 있던 이색에게 기문을 부탁했다. 이색은 한 번도 다녀가지 않은 누각의 이름을 짓고 기문을 쓰려니 난감했다. 그런데 다음과 같은 설명을 듣고 '쌍계루'라 이름 지었다는 것이다.

절은 두 시냇물 사이에 있다. 시냇물은 절의 남쪽에서 합치며, 물에서 동쪽이 가깝고 서쪽이 멀기 때문에 크고 작음이 있는데, 합쳐서 못이 된 뒤 산을 나와서 흐른다. 절의 사면은 산이 모두 높고 험해서 무더운 여름날이면 시원한 바람을 맞을 곳이 없었다. 두 시내가 합류하는 곳에 누각이 있어 왼쪽 물에 걸터앉아 오른쪽 물을 굽어보고 있으면 누각의 그림자와 물빛이 아래위로 서로 비치어 참으로 볼만하다.

절에 대한 설명은 현재의 백양사와 다르지만 쌍계루가 들어선 자리에 대한 설명은 똑같다. 백양사 입구에서 백암산 계류를 따라 걷다 마주치는 쌍계루는 이색의 기문처럼 누각의 그림자와 물빛이 아래위로 서로 비치어 참으로 볼만하다.

포은 정몽주도 쌍계루를 노래한 다음과 같은 시를 지었다.

求詩今見白巖僧　　시를 청하는 백암사 스님을 이제 만나

把筆沈吟愧不能　　붓을 잡고 끙끙거리니 글재주가 부끄럽구나.

淸叟起樓名始重　　청수가 누각 세우니 그 이름 소중하고

牧翁作記價還增　　목은 선생 기문 지으니 가치 더해지네.

烟光縹渺暮山紫	노을빛 아득하니 저무는 산은 자색이고
月影徘徊秋水澄	달그림자에 배회하니 가을 물은 맑도다.
久向人間憂熱惱	오랫동안 사람 사는 시름 시달렸으니
拂衣何日共君登	어느 날 소매 떨치고 마음 편히 그대와 오르리.

이처럼 목은 이색의 기문과 포은 정몽주 시를 통해 널리 알려진 쌍계루는 이후 내로라하는 문인들의 시가 이어졌다. 조선 시대 서거정徐居正·김상헌金尚憲·김인후金麟厚·김윤식金允植과 같은 인물들이다. 이 가운데 김윤식의 시를 음미해본다.

樓影溪聲不見僧	누대 그림자 개울 소리 스님은 안 보이고
何年建塔記功能	어느 해에 탑을 세워 공적 기록했던가.
白巖一片名區鎭	백암 하나만 일편단심 이름 지키고
紅葉千峯色界增	단풍진 여러 봉우리는 더욱 돋보이네.
人去字留山爲重	사람 떠나고 글자만 남아 산은 더욱 무겁고
心閑境僻水偏澄	마음 한가롭고 땅은 외져 물은 유독 맑구나.
拂衣更向雲門路	옷자락 떨치고 다시 운문암으로 향하니
堪笑前賢未暇登	우스워라 전현께서 올라갈 겨를이 없었다네.

현재의 쌍계루는 6·25전쟁 당시 전소하여 근래에 다시 지은 건물이다. 쌍계루는 정면 3칸 측면 2칸의 팔작지붕으로 2층 누각이다. 아래 기둥은 돌로, 위의 기둥은 나무로 만들고 계자 난간을 둘렀다. 누각에는 새로 만든 이색의 기문과 정몽주의 시판 등이 걸려 있다. 봄이면 매화 향기 은은한 고불매古佛梅, 여름이면 울창한 나무 숲, 가을이면 색색의 단풍, 겨울이면 하얀 눈과 어우러져 사시사철 아름다움을 뽐내는 백양사의 쌍계루이다.

백양사 고불매

　순천 선암사仙巖寺는 우리나라의 여러 사찰 가운데 예스러움이 가장 많이 남아 있는 곳이다. 조계산 동편에 자리한 선암사는 조계산 서편에 있는 삼보사찰 송광사와 더불어 그 일원이 명승으로 지정되었다. 조계산의 선암사와 송광사는 자연과 역사 문화가 공존하는 곳이다. 특히 선암사가 그렇다. 봄여름가을겨울 다 빼어나지만 특히 봄여름이 좋다. 봄이면 500년 묵은 매화나무의 꽃향기가 코를 간질이고, 여름이면 깊은 계곡의 물줄기와 하늘을 가린 노거수가 무더위를 식혀준다.

　선암사 입구에서 계곡을 따라 걷다보면 일주문 대신 강선루降仙樓가 먼저 맞아준다. 강선루는 다른 사찰의 누각과 달리 문루門樓의 역할을 하고 있는 것이다. 강선루와 주위 풍경을 보면 여행의 피로감이 싹 가셔진다. 강선루 우측으로 찻길이 나 있어 옛 모습은 아니지만 그래도 좋다. 맑고 깊은 계곡 옆의 강선루와 거기에 보물로 지정된 무지개다리 승선교昇仙橋가 더해진다. 선암사를 찾는 사진가들이 먼저 자리 잡는 곳이다. 무지개다리 승선교, 그 사이로 흐르는 깊은 계곡의 맑은 물줄기, 거기에 강선루와 물에 비친 강선루까지 함께 담으려고 욕심을 부린다. 이 모습만 봐도 먼 길 온 대가를 충분히 받은 느낌이다. 오래전부터 여러 번 선암사를 찾다 보니 강선루와 승선교에 세월의 때가 묻어있는 것이 느껴진다. 자세히 보면 승선교도 새색시 꽃단장하듯 2002년 전후로 달라졌다.

'선암사仙巖寺, 강선루降仙樓, 승선교昇仙橋' 등 선암사 일대의 건축물은 모두 신선과 연관된 이름을 가지고 있다. '선암사'는 절 서편에 있는 평편한 큰 바위에서 신선들이 바둑을 두었다는 유래에서 지어졌고, '강선루'는 신선이 내려와서 노니는 누각이고, '승선교'는 신선들이 놀다 아침 해 떠오르면 하늘로 올라가는 다리라는 의미이다. 온통 신선들의 놀이터이다.

선암사 주위 풍광을 보면 정말 그렇다. 신선들의 놀이터인 선암사는 언제 가도 마음을 평안케 해준다. 마음 졸이며 볼일 봐야 하는 오래된 해우소解憂所도 그렇고, 대통 따라 흐르는 약수도 그렇고, 돌담 따라 걷는 길도 그렇다. 지금도 그런데 예전에는 더욱 그랬을 것이다. 《신증동국여지승람》을 보면 고려의 문인 김극기金克己가 지은 '선암사'라는 시가 있다. 선암사에 가면 마음속 세속의 티끌이 다 없어지고 깨끗해진다고 한다.

寂寂洞中寺	적막한 산 속 절이요
蕭蕭林下僧	쓸쓸한 숲 아래 스님일세.
情塵渾擺落	마음속 티끌 모두 씻어내고
智水正澄凝	지혜의 물같이 맑아지네.
殷禮八千聖	팔천 성인에게 큰 절 올리고
淡交三要朋	담담한 사귐은 삼요의 벗일세.
我來消熱惱	내 와서 뜨거운 번뇌 식히니
如對玉壺氷	마치 옥병 속 얼음 대한 듯하네.

　　강선루는 2층 누각으로 1층은 정면 1칸 측면 1칸이고, 2층은 정면 3칸 측면 2칸의 팔작지붕이다. 2층은 전체가 마루이고 사방에 계자 난간을 둘렀다. 1층 기둥 사이가 넓어 2층 누각을 떠받치는 기둥을 4개 세웠다. 강선루는 좁은 지류가 흐르는 다리 위에 지은 문루여서 구조가 다른 누각과 많이 다르다. 강선루는 언제 건립되었는지 확실치 않다. 누각의 정면과 후면에는 서로 필체가 다른 '강선루' 편액이 처마 가운데 걸려 있고, 다른 기문이나 시판은 없다.

삶의 멋과 여유를 찾다

누정 산책 | IV

사대부의 누정

1 원림 명승의 누정

醴泉 草澗亭

예천 초간정

백과사전이 탄생한

　　예로부터 풍광이 아름답기로 이름난 경북 예천 땅에는 그림 같은 정자가 하나 숨어 있다. 바로 초간정草澗亭이다. 사방이 산으로 둘러싸인 계류의 암반 위에 신선이 자연과 벗하고 있듯이 자리하고 있다. 오래된 노송과 울창한 숲, 기암괴석 사이로 흐르는 물줄기가 꺾어지는 절묘한 곳이다. 거기에 물안개까지 피어오르면 무릉도원이 따로 없다.

　　초간정은 초간 권문해權文海(1534~1591)가 공주목사를 사임하고 1582년(선조 15) 고향에 내려와 지은 초당이다. 그가 살던 종가에서 5리 정도 떨어져 있다. 초간정의 원래 이름은 '초간정사草澗精舍'였다. 이름에서 느껴지듯 풍류를 즐기는 곳이 아니라 주자朱子의 '무이정사武夷精舍'처럼 서재의 용도로 지어졌음을 알 수 있다.

　　권문해, 어디선가 한 번쯤 들어본 이름이다. 그가 누구인가. 우리나라의 역사·지리·인물·문학·동식물 등을 망라한 일종의 백과사전인 《대동운부군옥大東韻府群玉》을 편찬한 사람이다. 이 책의 초간본이 간행된 것은 1589년(선조 22) 그가 대구부사로 재임 중일 때였다. 하지만 이 책의 대부분이 집필된 곳은 바로 그가 고

향땅에 지은 초간정사였다.

권문해의 아들 권별權鼈도 이 자리에서 《해동잡록海東雜錄》을 저술하였다. 이에 당대 문인들이 초간정의 기운을 받고자 이곳을 일부러 다녀가기도 했다. 초간정 주위를 100번 돌면 문과에 급제한다는 소문도 돌았다. 한 유생이 99번을 돌다 현기증에 그만 발을 헛디뎌 난간 밖으로 떨어져 죽자 그의 장모가 도끼를 들고 와서 정자 기둥을 찍었다는 이야기도 전한다. 지금도 그 도끼 자국이 남아 있다.

처음에 지은 '초간정사'는 임진왜란 때 불타고 몇 차례 중수를 거치면서 이름도 '초간정'으로 바뀌었다. 현재의 초간정은 1870년(고종 7) 예천권씨 후손들이 새로 지은 것이다. 초간정은 정면 3칸 측면 2칸의 팔작지붕이다. 입구에서 보면 좌측 정면 2칸은 방, 물이 흐르는 계류 쪽은 'ㄱ'자형으로 마루를 놓고 계자 난간을 둘렀다. 원래의 초간정사는 불타버렸지만 '초간정사'라는 편액은 다행히 남아 현재 입구 쪽 정면에 걸려 있다. 반대편 계류 쪽에는 '초간정'이라고 쓰인 편액이 처마 밑에 달려 있다.

누정 안에는 〈초간정사중수기草澗精舍重修記〉만 걸려 있을 뿐 다른 현판이 없어 아쉬움이 느껴진다. 조선 영조 때 문인 권상일權相一은 초간정에 올라 다음과 같은 시를 남겼다.

澗草靑靑不染塵	초간정사는 티끌에 물들지 않고
昔賢遺馥更薰人	옛 현인이 남긴 향기 다시 감동시키네.
遐心欲謝千鍾祿	속세 떠난 마음은 수많은 복록을 사양하고
小屋初成萬曆春	작은 집 비로소 이루어져 오랜 세월 지냈구나.
筆下陽秋根義理	춘추를 쓸 때는 의리를 근본으로 삼고
案頭經傳著精神	책상 위 경전은 밝은 정신 드러내었네.
我來盥手披遺卷	내 와서 손을 씻고 남긴 책 펼치니
盈溢巾箱政不貧	의기로운 마음 가득 넘쳐 빈한하지 않도다.

초간정을 제대로 음미하려면 적어도 세 곳에서 누정을 바라봐야 한다. 어느 누정이나 마찬가지겠지만 특히 초간정은 그렇다. 멀리서 오래된 소나무와 함께 어우러진 초간정을 보고, 다음에 가까이 다가가 기암괴석과 그 사이로 흐르는 물줄기와 함께 우뚝 서 있는 초간정을 보고, 초간정의 마루에 걸터앉아 정자 밖의 풍경을 봐야 한다. 어디서 보든 절경이다.

경북 예천에는 자연 경관이 아름다운 세 곳의 명승이 있다. '회룡포' '초간정 원림' '선몽대'이다. '회룡포'를 제외한 두 곳은 모두 역사와 자연 경관이 어우러진 곳이다. 선몽대는 예천을 가로지르는 내성천의 맑은 물줄기와 긴 모래톱이 내려다보이는 언덕 위에 자리한다. 선몽대 뒤로는 우암산 자락이 병풍처럼 둘러쳐 있고, 그 너머로는 수백 살을 넘긴 노송들이 숲을 이룬다. 앞은 강이요 뒤는 산이다.

선몽대는 1563년(명종 18) 이열도李閱道(1538~1591)가 지은 누정이다. 선몽대가 들어선 자리에서 신선들이 노는 꿈을 꾸고 정자를 지었다고 한다. 그래서 정자 이름이 '선몽대仙夢臺'이다. 이열도는 진성이씨로 그의 작은할아버지인 퇴계 이황의 학문을 이어 받았다. 선몽대가 있는 백송마을은 그의 아버지이자 퇴계 이황의 조카인 이굉李宏 때부터 진성이씨의 집성촌이 되었다.

이열도는 문과에 급제하여 예조정랑과 외직을 두루 거쳤지만 관직에 큰 뜻을 두지 않았다. 그가 사직한 일화가 전한다. 경상도 경산현령이었을 때 일이다. 고을에 흉년이 들어 동분서주하고 있는데 경상감사의 호출이 왔다. 가보니 책의 표지 글씨를 써 달라는 요청이었다. 우암 이열도는 당대의 명필로 알려졌었다. 백성들의 굶주림 걱정에 노심초사하고 있을 때 관찰사가 사적인 부탁을 하러 불렀던 것이다. 이에 그는 바로 사직하고 선몽대에 내려와서 후학을 가르치며 여생을 보냈다.

선몽대는 경관이 수려하기도 하지만 유명세를 탄 것은 퇴계 이황 때문이다. 작은할아버지 이황은 자신이 직접 쓴 '선몽대' 편액 글씨와 시를 보내왔다. 그 덕에 당대의 내로라하는 학자들이 방문하여 셀 수 없을 정도의 시문을 남겼다. 대표적인 사람이 김성일·류성룡·정탁·김상헌·이덕형·정약용 등이다. 정말 대학자들이다. 다음은 퇴계 이황이 이열도에게 부친 시이다.

松老高臺揷翠虛　　노송과 높은 누대 푸른 하늘에 솟아있고

白沙靑壁畫難如　　흰모래 푸른 절벽 그려내기 어렵구나.

吾今夜夜憑仙夢　　내 요즘 밤마다 선몽대에 기대 구경하니

莫恨前時趁賞疎　　예전에 이런 경치 감상 못한 여한 사라지네.

선몽대는 다산 정약용丁若鏞과도 인연이 깊다. 1780년(정조 4) 다산의 아버지 정재원丁載遠이 예천군수 때의 일이다. 다산이 아버지를 따라 선몽대에 가보니 7대조인 정호선丁好善이 경상감사로 재직할 때 지은 시가 걸려 있었다. 200년 전 조상이 지은 시판 먼지를 닦으며 두 부자가 감회에 젖었다. 아버지 정재원은 아들 다산에게 기문과 시를 짓도록 했다. 〈선몽대기仙夢臺記〉를 보면 약관의 정약용이 선몽대와 주위 풍광을 얼마나 잘 묘사했는지 감탄스럽다. 길지만 그의 기문을 옮겨본다.

예천에서 동쪽으로 10여 리 되는 곳에 가면 한 냇가에 닿는다. 그 시내는 넘실대며 구불구불 이어져 흐른다. 깊은 곳은 매우 푸르고 낮은 곳은 맑은 파란색이었다. 시냇가는 모두 깨끗한 모래와 흰 돌이다. 바람에 흩어지는 노을의 아름다운 모습이 사람의 눈에 비쳐 들어온다. 시냇물을 따라 몇

리쯤 가다보면 높은 절벽이 깎아 세운 듯 서 있다. 다시 그 벼랑을 따라 올라가면 한 정자가 있다. 정자에는 '선몽대仙夢臺'라 쓰여 있다. 선몽대 좌우에는 우거진 숲과 긴 대나무가 있는데, 시냇물에 비치는 햇빛과 돌의 색깔이 숲 그늘에 가리어 보일락 말락 하니 참으로 이색적인 풍경이다.

현재의 선몽대는 화재로 새로 지은 것이다. 선몽대도 예전 모습이 아니고 주위 풍광도 예전과 다르다. 다산이 노래했던 경관이 많이 변했다. '시냇가는 깨끗한 모래와 흰 돌'이라고 했는데, 지금은 잡초로 뒤덮여 있다. 그나마 오래된 노송이 숲을 이루고, 물줄기가 가늘어졌지만 구불구불 흐르는 내성천의 모습이 남아 있어 다행이다.

거북바위 위에 터를 잡은

봉화 **청암정**

奉化 靑巖亭

오지 중의 오지인 경북 봉화 산골에 우리나라를 대표하는 정자가 있다. 바로 청암정靑巖亭이다. 태백산에서 시작된 물줄기가 봉화에 이르러 석천계곡을 이루고, 그 부근에 이중환李重煥의 《택리지擇里志》에서 우리나라 4대 길지라고 한 닭실마을에 안동권씨 종가와 청암정이 자리하고 있다. 청암정과 석천계곡 일대의 수려한 자연경관은 명승으로 지정되었다.

청암정은 충재 권벌權橃(1478~1548)이 기묘사화로 낙향한 후 1526년(중종 21)에 지은 정자이다. 권벌의 고향은 안동이지만 봉화 닭실마을에 새로 터를 잡은 후 지금까지 500년 가까이 그 후손들이 살고 있다. 권벌은 1507년(중종 2) 문과에 급제하여 예조참판으로 재임할 때 기묘사화에 연루되어 파직된 후 닭실마을로 낙향하였다. 그는 15년간을 이곳에서 살다가 1533년 밀양부사로 복직되어 병조판서와 의정부 우찬성에 이르렀다. 하지만 1547년(명종 2) 양재역 벽서 사건에 연루되어 구례 등지에서 유배 생활을 하다 이듬해 죽었다.

청암정은 다른 정자와 달리 풍광이 뛰어난 장소가 아니다. 일반적으로 정자는 경치 좋은 계곡과 계류, 강과 호수 및 해안에 자리한다. 그런데 청암정은 평범한 평야지대에 위치해 있으면서도 영남 최고의 정자로 손꼽힌다. 그 이유는 바로 거북 모양의 너럭바위 때문이다. 청암정은 섬처럼 둘러싼 연못 가운데 거북 모양의 바위 위에 지어졌다. 마치 물 위에 떠 있는 거북이 등에 정자가 있는 모습이다.

예로부터 거북이는 장수의 상징으로 신성한 동물이다. 그래서 거북 바위에 지어진 청암정에 대한 전설 같은 이야기가 전한다. 청암정에는 불을 때는 온돌방이 있었다고 한다. 날씨가 쌀쌀해져 온돌방에 불을 지피자 거북 바위가 소리 내어 우는 괴이한 상황이 발생했다. 마침 지나가는 스님이 청암정은 거북 바위에 지어져서 온돌방에 불을 지피는 것은 마치 거북이 등에다 불을 때는 것과 같다는 것이다. 그래서 아궁이를 막고 거북 바위 주변을 파서 연못을 만들었다고 한다. 사실인지 아닌지 모르지만 거북 바위 위에 지어진 청암정의 특징을 잘 보여주는 설화이다. 현재 청암정의 방은 온돌방이 아니라 마루방으로 되어있다.

청암정으로 건너가려면 좁고 기다란 돌다리를 지나야 한다. 원림의 대명사인 소쇄원의 광풍각으로 건너가는 다리와 비슷하다. 그런데 소쇄원과 같이 나무다리였다면 그 운치가 훨씬 떨어졌을 것이다. 자연 암반의 거북 바위에 걸쳐진 돌다리의 모습은 청암정 주위의 자연과 어우러져 사시사철 아름다운 모습을 보여준다.

청암정은 입구인 돌다리에서 바라보면 'T'자형의 모습이다. 'T'자형 전면 지붕은 팔작지붕이고, 좌우 측면 지붕은 맞배지붕으로 비바람을 막는 풍판이 달려 있다. 청암정의 대청마루는 정면 3칸 측면 2칸으로 정면 1칸 측면 2칸의 마루방과 연결된다. 기둥은 자연 암반 위에 주춧돌을 놓아 길이가 제각각으로 자연과의 조화가 느껴진다.

영남의 제일가는 정자답게 대청마루에는 우리나라 내로라하는 학자들이 쓴 여러 편액과 현판이 걸려 있다. 남명 조식曺植의 '청암정靑巖亭', 미수 허목許穆의 '청암수석靑巖水石', 퇴계 이황의 시판이 대표적이다. 봉화에서 멀지 않은 안동에 거주하던 퇴계 이황은 청암정을 노래한 두 수의 시를 남겼다. 그중에 연못에 둘러싸인 청암정, 섬을 건너는 돌다리, 암반 위의 소나무의 모습들을 현재의 모습과 거의 같게 묘사한 시를 소개한다.

酉谷先公卜宅寬	선공이 닭실에 터를 정하니
雲山回復水彎環	구름 걸린 산과 물은 고리처럼 둘러 있네.
亭開絶嶼橫橋入	외딴 섬에 정자 세워 다리 가로질러 건너게 하고
荷映淸池活畫看	연꽃이 맑은 못에 비치니 살아있는 그림 같구나.
稼圃自能非假學	농사일은 배우지 않아도 능하고
軒裳無慕不相關	벼슬길 연연하지 않아 마음에 거리낌 없네.
更憐巖穴矮松在	바위 구멍에 웅크린 작은 소나무 가련하고
激厲風霜老勢盤	풍상 견디며 암반에서 늙어가는 모습 더욱 사랑스럽구나.

청암정의 여러 편액 가운데 특히 눈길이 가는 것은 전서로 쓴 허목의 '청암수석'이다. 미수 허목은 '청암수석' 네 글자를 88세가 되던 해에 쓰고 죽었다. '청암수석'은 허목의 마지막 글인 셈이다. '청암수석' 말미에 살아생전 청암정에 가보지 못한 안타까움을 담은 글도 남겼다.

청암정은 권 충정공의 산수에 있는 옛집이다. 골짜기 수석이 아름다워 절경으로 칭송되고 있다. 내 나이 늙고 길이 멀어 한 번도 그 수석 사이에 노닐지 못했지만, 항상 그곳의 높은 벼랑 맑은 시내를 그리워하고 있다. 특별히 청암수석 네 자를 큰 글씨로 써 보내니 이는 선현을 사모하는 마음 때문이다. 이 사실을 기록해 둔다. 8년 초여름 상완에 태령노인이 쓴다.

安東 晩休亭

인생 늘그막에 쉬어가는
안동 **만휴정**

선비의 고장 경북 안동의 만휴정은 영남 지역의 대표적인 누정이다. 경관도 아름다워 명승으로 지정되었다. 드라마 '미스터 션샤인'과 '공주의 남자' 촬영 장소이기도 하다. 만휴정晩休亭. 말 그대로 '인생 늘그막에 쉬어가는 정자'라는 의미이다. 김계행金係行(1431~1517)이 70세의 나이에 고향 안동으로 낙향하여 지은 후 87세에 작고했으니 10여 년을 만휴정과 함께한 셈이다. 정말 정자의 이름이 마음에 와 닿는다.

김계행은 50세에 문과에 급제하여 늦은 나이에 관직 생활을 시작하였다. 그는 여러 관직을 거쳐 1497년(연산군 3) 대사간에 올라 국정의 잘못을 지적하는 상소가 받아들여지지 않자 바로 사직하고 낙향한 대쪽 같은 선비였다. 그는 동갑내기 김종직과 서로 왕래하며 가깝게 지낸 친구 사이다. 이로 인해 무오사화와 갑자사화에 연루되어 투옥되었으나 다행히 큰 화는 면하였다. 만휴정에 걸려 있는 현판과 근처 바위에 새겨진 내용을 보면 그가 어떠한 신념을 가지고 살았는지 잘 알 수 있다. '오가무보물 보물유청백吾家無寶物 寶物惟淸白(우리 집에 보물은 없으나, 보물이 있다면 오직 맑고 깨끗함이 있을 뿐이다)'.

만휴정이 자리한 위치를 보면 김계행의 안목이 보통 아닌 것을 알 수 있다. 누가 봐도 깊은 산속 수려한 계곡에 자리를 잘 잡았다. 1790년(정조 14) 김양근金養根이 지은 〈만휴정중수기〉에도 잘 묘사되어 있다.

> 계곡이 시작되는 곳부터 시냇물에 이르러 빠르게 부딪치고 뿜어져 나와 충충이 폭포를 이루고 세
> 개의 깊은 웅덩이가 되었다. …… 세 번째 소가 있는 곳에 집을 지어 정자를 만들었으니, 계곡과
> 산이 벌려 하나의 천지를 이루었다.

만휴정의 모습은 정말 그렇다. 송암폭포 물줄기 위로 빼죽이 보이는 만휴정은 신선이 사는 장소처럼 보인다. 만휴정은 개울 아래에서 봐도, 개울 건너에서 봐도, 개울 위에서 봐도 멋스런 모습이다. 어떻게 이런 곳에 자리를 잡았을까.

그런데 이상하게 정자에서 바라보는 바깥 풍광은 별로 신통치 않다. 정자는 안에서 밖의 풍경을 바라보며 즐기는 곳이기도 하다. 그런데 만휴정에서 밖을 바라보면 멋

스러운 모습이 눈에 들어오지 않는다. 계곡으로 흐르는 물소리만 들릴 뿐 밖에서 정자를 바라볼 때 수려한 모습과 영 딴판이다. 거기에 계곡 쪽에 담장까지 둘렀다.

김계행은 왜 이런 자리에 정자를 지었을까. 그 해답도 〈만휴정중수기〉에 잘 묘사되어있다. 연산군 대의 정치에 염증을 느껴 낙향한 김계행은 "송암폭포가 있는 만휴정에서 더러운 말을 들었던 귀를 씻으려고 한 것이지, 아름다운 경치만을 감상하려는 뜻은 아니었다"는 것이다. 이런 점이 만휴정에 담겨 있는 건축적 철학이다.

만휴정은 계곡 건너에 있다. 만휴정에 가려면 계곡 위에 놓인 좁은 다리를 건너야 한다. 마치 담양 소쇄원의 다리와 비슷하다. 만휴정은 정면 3칸 측면 2칸의 팔작지붕으로 온돌방을 놓았다. 정자 앞쪽은 누마루 형식으로 개방하여 자연 경관을 감상할 수 있도록 하였고, 정자 3면에는 난간을 돌렸다. 만휴정 편액 너머로 쌍청헌雙清軒이라 쓰인 편액과 여러 문인들의 현판이 걸려 있다. 만휴정에서 멀지 않은 묵계마을에는 김계행을 배향한 묵계서원默溪書院과 묵계종가默溪宗家가 있다. 묵계서원과 묵계종가도 예스러운 멋이 있어 만휴정과 함께 다녀올 만하다.

❶ 묵계서원
❷ 묵계종가
❸ 묵계서원

安東 白雲亭

안동 백운정

귀봉·학봉 형제의 우애 깊은

경북 안동 지역에는 이름난 누정들이 많다. 낙동강을 바라보는 고산정孤山亭, 송계폭포 위에 자리한 만휴정晩休亭, 앞에는 연못이 있고 뒤에는 바위산이 있는 체화정棣華亭이다. 이들 정자는 들어선 자리도 사연도 제각각이다. 하지만 모두가 아름다운 자연 경관을 즐길 수 있는 천혜의 자리에 지어진 것은 동일하다.

안동 임하면에 자리한 백운정白雲亭도 마찬가지다. '흰 구름 머무는 정자'라는 뜻의 백운정은 영양 일월산에서 시작된 물줄기가 청송과 안동을 지나 낙동강으로 흘러가는 반변천半邊川에 위치해 있다. 지금은 임하댐 건설로 임하호가 펼쳐져 있다. 백운정을 비롯해 강 건너로는 개호송開湖松 숲과 의성김씨 동족마을의 고택이 보이는 수려한 곳이다. 일대가 명승으로 지정되었다.

백운정은 귀봉 김수일金守一(1528~1583)이 1568년(선조 1)에 지은 정자이다. 김수일은 아버지 김진金璡과 마찬가지로 관직에 뜻이 없어 고향에서 후학 양성에 힘썼던 인물이다. 백운정은 김수일의 동생 학봉 김성일金誠一에 의해 더욱 잘 알려지게 되었다. 김성일은 임진왜란 전에 일본에 사신으로 다녀와서 왜군의 침입이 없을 것이라는 잘못된 보고를 올려 곤욕을 치렀던 인물이다.

　김수일과 김성일 두 형제는 강 건너에 있는 집보다 백운정에 머무는 것을 더 좋아했다. 김성일의 《학봉집鶴峯集》을 보면 부모상을 다 치르고도 산소가 보이는 백운정에 머물며 부모님을 추모하였고, 이곳 주위 풍광을 노래한 〈백운정십이영白雲亭十二詠〉을 남겼다. 〈백운정십이영〉의 주제는 ① 가을 달, ② 봄 꽃, ③ 안개 낀 강, ④ 눈 덮인 산, ⑤ 우거진 숲, ⑥ 모래 벌, ⑦ 기러기 떼, ⑧ 고기 떼, ⑨ 조는 백구白鷗, ⑩ 풀 뜯는 소, ⑪ 시골의 피리 소리, ⑫ 고기잡이 등불이다. 백운정의 봄여름가을겨울 사계와 주위 자연 경관을 노래한 것이다. 제목만 봐도 백운정 주위의 아름답고 서정적인 풍광이 느껴진다. 이 가운데 ⑤ 우거진 숲을 노래한 시구를 소개한다.

林中百畝田	숲 속에 넉넉한 밭이 있고
林外千頃流	숲 밖으로 드넓은 강 흐르네.
護堤自何年	강둑은 어느 해에 쌓았는지
萬木沿長洲	만 가지 나무 물가에 자라누나.
春光帶雨深	봄빛은 비 오면 더욱더 깊어지고
秋色連霜稠	가을 색은 서리 오면 짙어지네.
時有喚友禽	때때로 벗 부르는 새소리 들려
出谷來相求	골짝에서 날아와 서로 찾누나.

　백운정은 정면 3칸 측면 2칸의 팔작지붕이다. 정면 좌측으로 2칸의 마루와 1칸의 온돌방이 있는 구조이다. 정면 2칸 측면 2칸의 마루는 반변천을 바라보며 3면이 개방되어 있고, 계자 난간을 둘렀다. 정면 1칸 측면 2칸의 온돌방 뒤에 부엌집이 붙어 있고, 부엌집은 2칸통의 온돌방과 주방으로 구성되어 있다. 미수 허목許穆이 쓴 '백운정白雲亭' 편액과 여러 기문 및 시판이 안에 걸려 있다. 우애가 깊은 귀봉과 학

봉 두 형제의 시판도 나란히 걸려 있다. 거기에 허목이 멋들어지게 전서체로 쓴 편액은 정자의 기품을 더해준다. 아쉽게도 허목의 편액은 안동의 한국국학진흥원에 보관되어 있고 복각된 것이다.

백운정은 임하댐 건설로 찾아가기가 쉽지 않아졌다. 하지만 개호송 숲에서 강 건너 우뚝 서있는 백운정을 보는 것만으로도 눈이 즐거워진다. 학봉 김성일이 당시 백운정에서 보았던 풍광이다.

路自西厓上	길은 서쪽 물가에서 시작되어
縈回到畫欄	구불구불 돌아 아름다운 난간에 닿았네.
群山圍几席	앉은 자리 여러 산이 에워싸고
一水護巖巒	냇물은 바위산을 감싸고 도누나.
望裏雲生白	아스라이 하얀 구름 일렁이고
愁邊臉失丹	근심하는 볼에 붉은빛 사라지네.
百年荊樹地	백 년 동안 살아온 우애로운 곳
未覺此情闌	모르는 사이 정이 흘러넘치는구나.

우리나라 3대 민가 정원
영양 서석지 **경정**

英陽 瑞石池 敬亭

경복궁의 경회루와 향원정, 창덕궁의 주합루와 부용정은 왕과 그의 가족들이 자연을 즐기던 곳이다. 들어선 자리나 꾸민 것을 볼 때 우리나라 최고의 누정이라 해도 과언이 아니다. 하지만 양반 사대부 민가에도 이에 뒤지지 않는 곳이 있다. 바로 담양의 소쇄원, 보길도의 세연정, 그리고 영양의 서석지 경정瑞石池 敬亭이다. 이들을 우리나라 3대 민가 정원으로 부른다.

정원이라 하면 서양적이고 인공적인 냄새가 난다. 우리 선조들은 자연을 그대로 이용한 원림園林을 선호했다. 선인들의 누정을 보면 자연 속에 집 한 채 달랑 들어선 모습이다. 자연적인 것에 사람의 흔적이 더해져 더 자연스러워진 곳이 바로 소쇄원과 세연정, 그리고 서석지 경정이다. 정말 궁궐의 후원에 견주어 손색이 없다.

영양의 서석지 경정은 조선 중기 석문 정영방鄭榮邦(1577~1650)이 조성한 연못과 정자이다. 정영방은 우복 정경세鄭經世의 제자로 퇴계 이황 - 서애 류성룡 - 우복 정경세 - 석문 정영방으로 이어지는 학맥을 계승하였다. 학덕이 높았지만 벼슬살이에 별 관심이 없었다. 그는 광해군의 폭정에서는 물론 인조반정 후 스승인 정경세가

이조판서로 재임 중에 그를 천거했지만 이 또한 끝내 사양하고 은거 생활을 하였다.

　일반적으로 '경정'보다는 '서석지'라는 이름으로 더 잘 알려져 있다. 높지 않은 담으로 둘러싸인 서석지 정원에는 소나무·대나무·매화·국화를 심은 '사우단四友壇'과, 사우단을 'ㄴ' 형태로 둘러싼 연못인 서석지, 그리고 이곳의 중심 건물인 '경정'과 부속 건물인 '주일재主一齋'가 자리하고 있다. '경정'과 '주일재'는 퇴계학파에서 중시하는 '거경궁리 주일무적居敬窮理 主一無適'에서 따온 말이다. 즉 경건한 마음으로 정신을 한 곳에 집중하여 다른 생각이 들어오지 못하게 한다는 의미이다.

　서석지의 중심 건물인 경정은 정면 4칸 측면 2칸 반 규모의 팔작지붕이다. 정면 중앙에 2칸의 대청마루와 좌우 1칸의 온돌방을 두었다. 마루와 연결된 양쪽의 방문을 들어 올리면 넓은 대청이 되는 구조이다. 온돌방과 대청마루 앞으로는 1칸 반 정도의 개방된 툇마루를 놓고 계자 난간을 둘러 연못을 감상하기 좋게 만들었다. 주일재는 정면 3칸 측면 1칸으로 맞배지붕이다. 경정에는 처마 아래와 방안에 '경정'이라 적힌 편액과 누정제영을 비롯한 5개의 현판이 걸려 있다.

　정영방이 서석지 경정을 조성하면서 가장 정성을 들인 곳은 바로 서석지였다. 서석지는 '상서로운 돌들이 있는 연못'이란 의미이다. '서석'이라는 이름이 지닌 각별한 의미는 그가 지은 글에도 잘 담겨 있다.

돌의 속은 무늬가 있어도 밝은 검소하다. 인적 드문 곳에 가지런히 있으니 마치 선한 사람, 고요한 여인이 정절을 지켜 스스로 보존함과 같다. …… 어떤 사람은 옥이 아닌 돌을 싫어하지만 그것은 옳지 않다. 만약 그 돌이 옥이라면 내가 가질 수 있었겠는가. …… 그렇다면 이 돌들이 어찌 상서롭지 않다고 하겠는가.

서석지에는 크고 작은 바위와 돌들이 60여 개 정도 있다. 이 바위와 돌은 사람처럼 각자의 이름이 있고, 어떤 바위와 돌에는 시까지 지어 주었다. 정영방은 바위의 생긴 모습에 따라 '도낏자루 썩는 바위'라는 '난가암爛柯巖', '나비가 노니는 바위'라는 '희접암戲蝶巖', '둘로 갈라져 물이 떨어지는 돌'이라는 '분수석分水石'과 같은 이름을 붙였다. 이를 노래한 시들은 정영방의 《석문집石門集》에 실려 있다. 이 가운데 도낏자루 썩는 바위, 난가암을 노래한 시를 소개한다.

聲利非能浼	부귀영화로 나를 더럽힐 수 없으니
邱林敢辭饞	임천을 감히 사양한다 하리오.
家童樵不返	나무하러 간 아이가 돌아오지 않기에
知在爛柯巖	난가암에 머물러 있음을 알겠구나.

사실 이 시에는 '왕질난가王質爛柯'라는 유명한 고사성어가 담겨 있다. 그 내용은 다음과 같다. 중국 진晉나라 때 왕질이라는 사람이 산에 나무하러 갔다가 신선들이 바둑 두는 것을 구경하고 있었다. 얼마 후 신선이 아직 안 갔냐는 말을 듣고 일어서니 도낏자루가 썩어 있고 마을로 돌아오니 아는 사람이 모두 죽고 없었다는 것이다. '신선놀음에 도낏자루 썩는 줄 모른다'는 말이 여기에서 비롯되었다. 이처럼 아름다운 풍광과 더불어 다양한 이야깃거리도 함께 지니고 있는 서석지 경정은 우리나라 최고 민가 정원 중 하나임에 틀림없다.

마을 사람들의 기지로 살아남은

포항 **용계정**

浦項 龍溪亭

　용계정龍溪亭은 경북 포항에서 가장 오지인 덕동마을에 있다. 덕동마을은 포항·영덕·청송·영천 그 어디서 가도 굽이굽이 험한 길이다. 가는 길이 험한 만큼 울창한 숲과 계곡이 보기 좋다. 예로부터 용계정 주위에는 '덕연구곡', '덕계구곡'으로 불리는 아름다운 풍광이 숨어 있다. 지금도 오지인데 옛날에는 오죽했을까 싶다. 하기야 임진왜란 때 유명한 의병장이었던 정문부鄭文孚가 가족을 데리고 피난한 곳이 바로 덕동마을이었다.

　덕동마을은 여강이씨 집성촌으로 회재 이언적李彦迪의 동생 이언괄李彦适의 4세손인 이강李壃(1621~1689)이 처음으로 터 잡은 곳이다. 이강은 학문이 뛰어났지만 광해군 대 혼란한 정국으로 벼슬살이에는 관심이 없었다. 인조가 청나라에 항복했다는 소리를 듣고는 고향인 경주 양동마을을 떠나 오지인 이곳에 정착하였다. 그리고 정문부의 손녀딸과 혼인하였다.

　용계정은 이강이 이곳에 정착한 지 40년 만에 지은 작은 정자였다. 바로 1687년(숙종 13)의 일이었다. 하지만 완성을 보지 못하고 죽었다. 용계정은 그의 손자 이

시중李時中이 완공하였고, 1778년(정조 3) 다시 중수하여 오늘에 이르고 있다.

그 후에도 용계정은 우여곡절이 많았다. 회재 이언적을 모신 옥산서원玉山書院처럼 1778년 용계정 왼편에 이언괄 부자를 제향하는 세덕사世德祠가 조성되어 서원의 면모를 갖추게 되었다. 하지만 부속 건물이 부족하자 곁에 있는 용계정을 세덕사의 강당으로 사용하였다. 그런데 일이 벌어졌다. 흥선대원군의 서원철폐령이 내려진 것이다. 전국에 47개의 서원만 남기고 나머지 수백 개의 서원을 없애버린 것이다. 여기에 세덕사도 포함되었다.

이때 덕동마을 사람들의 기지가 발휘되었다. 용계정을 세덕사에서 분리시켜 존속시키는 작업이 벌어졌다. 용계정의 담을 쌓고, 편액도 새로 달았다. 세덕사와는 관련이 없는 독립 건물로 보이게 하려는 것이었다. 그러다 보니 용계정은 다른 정자와 달리 계류 쪽을 제외한 삼면에 담장을 쌓고 출입하는 일각문을 세 곳에 세웠다. 마을 주민 전체의 노력과 기지로 지금의 용연정이 남아 있게 된 것이다.

현재 용계정은 자연 암반 위에 세워진 정면 5칸 측면 2칸 규모의 팔작지붕이다. 처음에는 중앙의 기둥과 방이 없는 누마루 정자였다. 후에 중수 과정에서 뒤편에 어간御間 좌우로 2칸의 방을 놓았고, 앞으로는 정면 5칸 마루에 계자 난간을 둘러 주위 경관을 바라보기 좋게 만들었다. 마루에서 보면 냇가 건너편의 덕동 숲이 그림처럼 보인다. 정자에는 계류 이름을 딴 '용계정'과 이강의 호인 '사의당四宜堂'이란 편액과 후손들이 지은 기문이 걸려 있다.

용계정과 인근의 덕동 숲과 용계계곡은 명승으로 지정되었다. 용계정 뒤편으로 1806년(순조 6)에 심었다는 배롱나무와 마을의 상징인 반송이 있다. 거기에 오래된 고택과 여강이씨 집안의 고문서가 보관되어 있는 민속전시관이 있어 자연과 역사를 함께 즐길 수 있다.

이른바 '좌 안동, 우 함양'이라는 말이 있다. 낙동강 동쪽(좌)의 안동과 서쪽(우)의 함양에서 훌륭한 선비들이 많이 배출되었음을 이르는 말이다. 그런 만큼 이 지역에는 선비 문화의 꽃이라고 할 수 있는 수많은 누정들이 산재해 있다. 산수가 수려한 함양의 화림동 계곡花林洞溪谷에는 6km에 걸쳐 '팔담 팔정八潭八亭', 즉 여덟 개의 깊은 소와 여덟 개의 누정이 들어서 있다. 이러한 경관을 감상하기 위해 예로부터 선비들의 발길이 끊이지 않았다. 16세기를 대표하던 유학자 남명 조식曺植은 화림동 계곡을 여행하면서 다음과 같은 시를 지었다.

碧峯高揷水如藍　　푸른 봉우리는 깎아 세운 듯 물빛은 쪽빛인 듯

多取多藏不是貪　　많이 가지고 많이 간직해도 이는 탐욕이 아니리.

捫虱何須談世事　　이를 잡으면서 굳이 세상사를 이야기 하는가

談山談水亦多談　　산 이야기 물 이야기 여러 이야깃거리가 많은데.

아름다운 화림동 계곡 '팔담 팔정'의 시작이 바로 거연정居然亭이다. 거연정은 인조 때 동지중추부사를 지낸 전시서全時敍가 처음으로 지었다. 그는 1640년(인조 18) 봉전마을에 서산서원西山書院을 건축하고, 그 옆의 계류에 억새로 지붕을 삼은 집을 지었다. 서산서원은 1868년(고종 5) 홍선대원군의 서원 철폐령으로 훼철되었고, 당시 전시서의 후손들이 서원의 재목을 모아 지금과 같은 정자를 새로 지은 것이다.

거연정은 자연 암반 위에 2층 누각의 형태로 지어진 정면 3칸 측면 2칸의 팔작지붕이다. 1층 누각 아래를 받치는 기둥을 보면 자연 암반을 그대로 이용하며 그랭이질한 것도 있고, 다듬은 주춧돌을 사용한 것도 있다. 2층은 한편에 한 칸 규모의 방을 놓고 삼면을 마루로 두른 형태이다. 거연정에는 임헌회任憲晦의 〈거연정기居然亭記〉를 비롯한 여러 시인과 묵객들이 지은 현판이 걸려 있다.

거연정을 노래한 여러 시가 있다. 그 가운데 송병선宋秉璿의 《연재선생문집淵齋先生文集》에 실린 다음과 같은 시가 마음에 다가온다. 송병선은 우암 송시열宋時烈의 9세손으로 1905년 을사늑약이 체결되자 자결한 인물이다.

老去猶餘興　　나이 들어 오히려 흥에 겨워서

佳辰輒有行　　좋은 때 갑자기 유람하게 되었네.

名區三洞地	아름답기로 소문난 세 고을 땅에
全氏百年亭	전 씨 가문의 백 년된 정자 있구나.
人在先天界	사람은 태어날 때부터 터전이 있고
山含太古情	산은 태고의 정을 머금었네.
幽閒兼敞豁	그윽하고 한가롭게 열려있어
微詠下空汀	낮은 소리로 읊조리며 물가로 내려가누나.

예로부터 화림동 계곡의 여덟 개 누정 가운데 거연정을 최고로 치는 사람들이 많았다. 1874년(고종 11) 〈거연정기〉를 지었던 임헌회도 마찬가지였다. 사실 거연정이 들어선 자리는 다른 누정과 확연한 차이가 있다. 화림동 계곡의 갈라진 두 물줄기 사이로 섬처럼 커다란 바위산이 생기고, 거기에 자연과 하나 되는 거연정이 들어서 있다. 어느 방향에서 봐도 자연과 어우러진 모습이다. 거연정은 이름 그대로 자연 속에서 자연이 되는 그런 곳에 자리를 잡았다. 섬 같은 거연정으로 가려면 무지개처럼 놓여진 다리를 건너야 한다. 유서 깊은 거연정과 자연 경관이 어우러져 이 일대는 명승으로 지정되었다.

예로부터 산수가 수려한 함양의 화림동 계곡과 심진동 계곡, 거창의 원학동 계곡을 '안의삼동安義三洞'이라 불렀다. 함양의 화림동 계곡에 거연정을 비롯해 이른바 '팔담 팔정'이 있듯이 거창도 마찬가지였다. 덕유산에서 흘러내려오는 물줄기가 거창에 이르러 위천渭川을 이루고, 그 냇가의 전망 좋은 곳에 이름난 누정들이 자리하고 있다. 바로 요수정樂水亭과 용암정龍巖亭 같은 누정이다. 위천은 강태공이 낚시를 즐기던 위수渭水를 본떠 지은 이름이다.

용암정에서 요수정까지 위천을 따라 걷는 길은 우리나라 최고의 둘레길이다. 차고 맑은 물이 흐르면서 깊은 소를 만들고, 하얀 바위와 옥색의 물빛, 울창한 소나무 숲길이 한데 어우러져 마음을 홀리게 한다. 그러다 신비스러운 거북바위 수승대搜勝臺와 요수정이 있는 곳에 이르면 감탄사가 연이어 터져 나온다.

수승대와 요수정은 절경만큼 여러 이야깃거리가 많은 곳이다. 요수정은 1540년(중종 35) 신권愼權(1501~1573)이 세운 정자였다. 그는 다른 누정 주인처럼 이름난 학자도 고관대작도 아니었다. 단지 그가 사는 거창의 향교에서 유생을 가르치는 훈도

를 한 것이 그의 이력 전부였다. 하지만 요수정이란 정자 이름만 보아도 신권이 예
사로운 사람이 아니라는 것을 알 수 있다. 정자의 이름은 곧 주인의 성품과 지향하
는 바를 담고 있기 때문이다.

　신권의 호는 '요수樂水'였고, 그의 정자 이름은 '요수정'이다. 요수와 요수정은
《논어》의 '지자요수 인자요산知者樂水 仁者樂山(지혜로운 이는 물을 좋아하고, 어진 이는 산을 좋
아한다)'는 문구, 곧 '요산요수'라는 말에서 따온 것이었다. 누정의 이름은 요수정이라
고 지었지만 신권의 마음속에 담고 있는 이름은 '요산요수정'이었을 것으로 짐작된
다. 산도 좋아하고 물도 좋아하는, 다시 말해 지혜로움과 어진 마음을 함께 갖추고자
하는 이름인 것이다. 신권이 요수정을 노래한 시를 보면 이를 잘 알 수 있다.

　　亭於山水間　　산과 물 사이에 정자 있으니

　　愛水非遺山　　물을 사랑하고 산을 버린 것 아니네.

　　水自山邊出　　물은 산으로부터 나오고

　　山從水上還　　산은 물을 따라 둘러 있구나.

　　靈區由是闢　　신령한 곳이 이로부터 열렸으니

　　樂意與相關　　즐기는 뜻이 서로 통하네.

| 然爲仁智事 | 인자와 지자의 일을 헤아리니 |
| 擧一猶唯顔 | 모든 일이 오히려 부끄럽구나. |

　요수정과 수승대는 풍류를 즐기던 선비들의 흔적이 곳곳에 배어 있다. 정면 3칸 측면 2칸 팔작지붕의 자그마한 정자에는 무려 16개의 현판이 걸려 있다. 거북바위 수승대에도 빈자리가 없을 만큼 시문과 글자가 가득하다. 현재의 요수정은 1805년(순조 5) 중수한 것이다.

　수승대의 원래 이름은 수송대愁送臺였다. 이 지역이 백제와 신라의 접경지대라 사신으로 갔다가 돌아오지 못할까 근심하며 전송한다는 의미가 담겨 있었다. 수승대로 이름을 바꾼 것은 퇴계 이황李滉이었다. 1543년(중종 38) 퇴계 이황은 수승대에서 15리 정도 떨어진 영승마을에 살던 장인 권질權磧의 회갑연에 참석했었다. 이황은 동갑내기인 신권의 요수정에 다녀갈 예정이었다가 갑작스러운 사정이 생겨 방문하지 못하고 다음 같은 시 한 수를 보냈다.

| 搜勝名新換 | 수승이라 이름 새로 바꾸면 |
| 逢春景益佳 | 봄 맞은 경치 더욱 아름다우리. |

遠林花欲動	먼 숲속의 꽃망울 터져 오르는데
陰壑雪猶埋	그늘진 골짜기는 봄눈이 희끗희끗.
未寓搜尋眼	좋은 경치 좋은 사람 못 만나
唯增想像懷	마음속에 상상만 더해 가네.
他年一尊酒	뒷날 술 한 동이 안고 가
巨筆寫雲崖	큰 붓 잡고 구름 벼랑에 시 쓰리오.

이 시에서 '수송대'의 이름이 아름답지 못하니 '수승대'라고 바꾸는 것이 어떠하냐고 제의한 것을 신권이 수락했고, 거북바위에 '수승대'라고 글자를 새기기까지 하였다. 그런데 한 살 아래였던 신권의 처남 임훈林薰의 생각은 달랐다. 당대의 대학자라 할지라도 한 번도 다녀가지 않은 곳의 이름을 바꾼다는데 심사가 뒤틀린 것이다. 그래서 다음과 같은 화답시를 지었다.

花滿江皇酒滿樽	강가에 꽃이 만발하고 술도 동이에 가득한데
遊人連袂謾紛紛	벗하자고 소맷자락 잡아도 어지럽게 뿌리치네.
春將暮處君將去	봄은 점점 저물고 그대마저 떠나가니
不獨愁春愁送君	봄을 보내는 근심만이 아니라 그대 보내는 시름도 있으리.

이 시에서 이곳의 토박이 임훈은 수송대의 '수愁(근심)'자를 두 번이나 쓰면서 반발하고 있다. 대학자 퇴계 이황과 촌유村儒 임훈의 기 싸움이 느껴진다. 두 사람의 시는 거북바위에 '수승대'와 '수송대'라는 제목으로 나란히 암각되어 있다. 개울 건너에는 신권이 유생들을 가르치던 구연서당이 있었는데 지금은 구연서원이 되었다. 서원에는 자연석 암반 위에 '관수루觀水樓'라는 멋진 문루가 자리하고 있다. 역사 문화, 자연 풍광이 어우러진 이 일대는 명승으로 지정되었다.

居昌 龍巖亭

거창 용암정

저절로 반쯤 신선이 되는

경남 거창에는 역사와 문화, 자연 경관이 어우러진 명승지 두 곳이 있다. 바로 '수승대·요수정'과 '용암정龍巖亭'이 있는 곳이다. 두 명승지는 덕유산과 남덕유산에서 발원한 물줄기가 합류하는 위천에 자리하고 있고, 두 곳의 거리는 1km 정도밖에 안 된다. 상류의 용암정에서 수승대와 요수정까지는 우거진 송림과 하얀 암반 사이로 흐르는 옥빛의 물줄기, 용이 승천하다 떨어졌다는 용소, 거기에 역사 문화유산인 용암정과 수승대·요수정이 더해져 절경을 이룬다.

이 지역은 예로부터 선비들이 가장 가고 싶어 하는 명소였다. 이 일대의 산수가 수려한 곳을 꼽아 '안의삼동'이라고 지칭하였다. 조선 시대에는 안의현에 속한 화림동·심진동·원학동을 말했는데, 오늘날은 행정구역상 함양군에 속한 화림동과 심진동, 거창군에 속한 원학동으로 갈라졌다. 원학동은 위천이 흘러가는 현재의 북상면·위천면·마리면 일대를 말한다. 세 곳 모두 계곡과 계류가 어우러져 절경을 보여주는 곳이다. 절경에 이름난 누정이 빠질 수 없다. 화림동 계곡에는 거연정·군자정·동호정·농월정이, 심진동 용추계곡에는 심원정이, 원학동에는 용암정과 요수정이 자리 잡고 있다.

용암정은 1801년(순조 1) 임석형林碩馨(1751~1816)이 지은 정자이다. 용암정은 은진임씨가 대대로 살던 갈계마을에서 5리도 안 되는 곳에 있다. 그는 어려서부터 할아버지와 아버지를 따라 냇가의 평평한 암반인 용암에 자주 놀러왔었다. 가족 모두 이곳에 정자 하나 지으면 좋겠다는 생각을 하던 중 임석형 대에 짓게 된 것이다. 1864년(고종 1) 중수를 거쳐 오늘에 이르고 있다. 이러한 내력은 임석형이 당시에 지은 시에도 잘 나타나 있다.

太古盤巖關址庭	오래된 반석 위를 터전 삼아
經營三世築斯亭	삼대가 경영하여 이 정자 지었네.
名區水石由天作	좋은 자리 물과 돌은 하늘의 솜씨요
別界煙霞秘地形	별천지 안개 속에 감춰진 형세로다.
片片飛鷗眠渚白	쌍쌍이 날던 새는 물가 모래톱에서 졸고
絲絲叢柳傍欄靑	가닥가닥 늘어진 버들 난간 곁은 푸르네.
時人誰識余心樂	누가 내 마음의 즐거움을 알리오
高臥江山第一局	제일강산 빗장하고 높이 누워있으리.

임석형은 향리에 사는 평범한 선비였다. 용암정 하류의 요수정 주인 신권愼權과 마찬가지였다. 과거 시험에도 관직에도 별 뜻이 없었다. 단지 인근 유생을 가르치고 뜻 맞는 선비들과 교유하면 족했다. 그렇다고 학식이 부족했던 것도 아니다. 그가 지향했던 삶과 식견은 용암정에 남겨진 편액과 시를 봐도 쉽게 알 수 있다.

용암정은 자연 암반 위에 지어진 정면 3칸 측면 2칸의 팔작지붕이다. 4개의 활주를 세워 지붕을 지탱하게 하였다. 다른 정자에 비해 주춧돌 위에 세운 기둥이 높아 마치 2층 누각처럼 보인다. 냇가를 바라보는 정면은 깎아진 절벽 위에 지어져 출입은 반대쪽으로 해야 한다. 정자에 오르려면 후면 좌측에 나무를 깎아 만든 4~5단의 아담한 계단을 통해야 한다.

사방으로 계자 난간을 둘렀고, 냇가를 바라보는 반대편 중앙에 1칸의 온돌방을 드렸다. 온돌방은 사면이 벽이 아니라 창살로 된 벽에 문을 달아 햇빛이 잘 들어오게 만들었다. 정자로 출입하는 문이 반대편에 있기 때문에 '용암정龍巖亭'이라 쓰인 편액은 정자 안에 걸려 있다. 대신 정자 아래의 암벽에 '용암정'이라는 글자를 크게 새겨놓았다.

정자에 오르면 가장 먼저 눈에 들어오는 것은 용암정 편액과 함께 걸려 있는 청원문聽猿門, 환학란喚鶴欄, 반선헌伴仙軒이란 편액이다. 이 편액들은 용암정이 소재한 원학동猿鶴洞과 서쪽에 있는 금원산金猿山과 관련된다. 원학동은 잔나비와 학이 사는 동네이고, 금원산도 잔나비가 사는 산이다. 잔나비와 학은 신선의 세계에 사는 동물이다. 결국 청원문은 '신선의 소리를 듣는 문', 환학란은 '신선을 부르는 난간', 반선헌은 '반쯤 신선이 된 사람이 사는 집'이라는 의미이다. 모두가 신선과 연계되어 있다. 신선처럼 살고 싶어 하는 정자 주인의 마음이 느껴진다. 이 가운데 환학란을 노래한 시를 음미해본다.

徘徊南向依高欄　　이리저리 다니다 높은 난간에 기대어 남쪽 바라보니

鶴去潭空水自寒　　학은 가고 못은 비어 물만 절로 차갑구나.

聲聞何天今不見　　어느 하늘에서 소리 들릴까 이제 뵈지도 않아

呼兒遙指白雲端　　아이 불러 물으니 멀리 흰 구름 끝 가리키네.

알쏭달쏭한

밀양 **월연정과 월연대**

密陽 │ 月淵亭 月淵臺

경남 밀양에도 8경이 있다. 그중 제1경인 '영남루 야경'에 이어지는 제4경이 '월연정 풍경'이다. 월연정 풍경이라고 하듯이 월연정뿐만 아니라 월연정 일대의 풍경을 말한다. 월연정 일대에는 '월연대月淵臺' '제헌霽軒' '쌍경당雙鏡堂'이라는 세 건물이 연이어 있다. 마치 담양 소쇄원에 광풍각과 제월당이 있는 것과 유사하다.

이 지역은 오래된 건축물과 함께 자연 경관이 조화를 이루고 있어 현재 명승으로 지정되어 있다. 그런데 밀양 8경에는 '월연정 풍경'으로, 명승 이름은 '월연대 일원'으로 되어 있다. 그러다보니 사람마다 이 일대의 건물 명칭을 다르게 이야기한다. 어떤 이는 월연대를 월연정이라 하고, 어떤 이는 쌍경당을 월연정이라 한다. 사람들이 알쏭달쏭해 할 만하다.

쌍경당과 월연대는 월연 이태李迨(1483~1536)가 세운 건물이다. 그의 저작《월연집月淵集》을 보면 1520년(중종 15) 쌍경당과 월연대를 짓고 스스로 월연주인月淵主人이라 부르고 있다. 쌍경당과 월연대 사이의 제헌은 1956년 신축한 건물이다. 그렇다면 월연정이란 구체적으로 어떤 건물을 지칭하는 것일까. 사실 월연정이란 명칭은 특정 건물을 부르는 이름이 아니었다. 밀양 8경에서 '월연정 풍경'이라고 하듯이 '쌍경당과 월연대'를 함께 부르는 이름이 바로 월연정이었다.

여러 문집을 살펴보면 쌍경당, 월연대, 월연정이라는 세 가지 명칭이 등장한다. 그런데 쌍경당과 월연대는 서로 다른 건물이라 함께 나오는 경우가 있지만 거기에 월연정까지 동시에 나온 적은 없다. 월연정이 두 건물을 함께 부르는 이름이기 때문이다. 이만백李萬白의《자유헌집自濡軒集》을 보면 임진왜란 때 소실된 쌍경당과 월연대를 1700년(숙종 26)에 중수했다고 한다. 그리고 류심춘柳尋春의《강고선생문집江皐先生文集》을 보면 류심춘이 1807년(순조 7) 밀양 일대를 여행하면서 영남루에 오르고, 월연정과 칠탄정七灘亭을 유람했다고 한다. 조긍섭曺兢燮의《암서집巖棲集》에서도 마찬가지이다. 영남루와 월연정의 명칭은 보이지만 쌍경당이나 월연대의 이름은 나오지 않는다. 조긍섭의 시 일부를 소개한다.

嶺南樓前千頃波	영남루 앞 드넓게 펼친 물결
淸勝足與黃州亞	맑은 경치가 황주에 버금가네.
歲時士女泛畫船	세시로 남녀들이 그림 같은 배 띄우고 놀아
簫皷動盪魚龍怕	피리 불고 북 치는 소리에 어룡이 두려워하누나.
今堂月亭是上流	금시당과 월연정이 상류에 있으니
占地繁華兼醞藉	그 터가 번화와 풍류를 차지했도다.

영남루·칠탄정·금시당은 모두 밀양에 있는 누정들이다. 이처럼 월연정은 건물 이름이 아니라 이태가 지은 쌍경당과 월연대를 함께 부르는 명칭이라는 것을 알 수 있다.

월연정 일대는 밀양강과 단장천의 두 물줄기가 만나는 지점이다. 강 쪽에서 바라봐서 좌측에 쌍경당과 제헌이 붙어 있고, 자그마한 쌍청교 건너에 월연대가 자리

누정 산책

잡고 있다. '쌍경雙鏡'과 '월연月淵'이라는 명칭에서 보듯이 두 건물 모두 달과 관련 되어 있다. 특히 보름달이 강에 비칠 때면 그 모습이 너무 아름다워 월연대에서 시 모임을 가졌다고 한다. 세 건물은 굽어 흐르는 강을 바라보도록 지어져 향하고 있 는 방향이 서로 다르다. 월연정 일대에는 백송을 비롯한 희귀한 나무들이 많이 자 라고 있다.

쌍경당은 정면 5칸 측면 2칸의 팔작지붕으로 편액과 여러 기문·시판이 걸려 있다. 쌍경당은 정자라기보다는 온돌방과 아궁이가 있는 거처로써의 기능이 강조 된 건물이다. 쌍경당에 연이어 있는 제헌도 정면 5칸 측면 2칸의 팔작지붕이다. 두 건물 모두 사방으로 담장을 두르고 문을 내었다.

제헌에서 작은 다리를 건너면 월연대가 우뚝 서있다. 월연대는 두 건물과 달리 자연석 암반 위에 다시 돌을 쌓아 건물을 세웠다. 월연대는 정면 3칸 측면 3칸의 팔 작지붕이다. 중앙 1칸에 방을 드리고 사방으로 마루를 둘러 정자로써의 기능이 강 조된 건물이다. 월연대에도 편액과 여러 현판이 걸려 있다. 전도연과 송강호 주연 의 영화 '밀양'에 이어 월연대는 이병헌 주연의 영화 '광해, 왕이 된 남자'의 촬영 지이기도 하다.

전남 장성의 요월정邀月亭은 여름이면 붉은 배롱나무꽃이 활짝 펴 무릉도원을 이룬다. 천상의 화원이라고 불리는 담양 명옥헌鳴玉軒의 배롱나무와 비교해도 부족함이 없는 곳이다. 강 건너 월봉산 옥녀봉과 마주하고, 절벽 아래로 많은 사연을 간직한 황룡강이 유유히 흐르며, 오래된 배롱나무와 소나무가 시위를 하듯 누정 주위를 둘러싸고 있다. 요월정은 들어선 자리로 보면 단연 우리나라 누정 가운데 최고라 해도 과언이 아니다.

요월정은 조선 명종 때 공조좌랑을 역임한 김경우金景愚(1517~1559)가 말년을 보내기 위해 지은 정자이다. 정면 3칸 측면 3칸의 팔작지붕으로 2개의 방과 1개의 대청마루가 이어진 형태의 건물이다. 지금의 건물은 1925년에 중건한 것이다. 현재 대청마루에는 당대의 내로라하는 선비인 하서 김인후金麟厚와 고봉 기대승奇大升 같은 저명한 문인들이 남긴 현판이 수없이 많이 있다. 여러 곳의 절경을 찾아다닌 김인후는 이곳의 빼어난 경관을 다음과 같이 노래했다.

月色當軒白	달빛이 정자를 비추니 희게 보이고
秋光入眼靑	가을빛은 눈에 들어와 푸르게 보이네.
登臨此夜景	정자에 올라 보는 오늘밤 경치는
一世笑浮萍	일평생 떠돌던 사람을 비웃는 듯하구나.

　요월정 주인 김경우는 현달한 인물이 아니었다. 고봉 기대승은 그런 김경우가 늘 안타까웠다. 요월정을 자주 찾던 기대승은 그런 마음을 담은 다음과 같은 시를 짓기도 했다.

夫君才氣合乘車	그대의 자질이야 벼슬자리 마땅한데
遁跡江湖放浪餘	강호에 몸을 감춰 방랑생활 얼마던가.
載酒引船風色嬾	술 싣고 배를 타면 바람이 산만하고
藝花扶杖月華虛	꽃 심고 소요하니 달빛도 고요하네.
經心舊學惟心也	가슴 속 묵은 학문 깊숙이 연구하고
脫手新詩更賁如	뛰어난 새로운 시 또 한 번 빛나구려.
雨露九天應下漏	성상의 높은 은전 당연히 내릴 터니
直長威望壓周廬	직장의 명망이야 주려를 압도하리.

경관이 수려한 황룡강가의 요월정에는 전설 같은 이야기도 많다. 특히 여름날 배롱나무에 꽃이 활짝 필 때면 말로 표현할 수 없을 정도로 환상적이다. 요월정을 중수할 때 후손 김경찬金京燦이 '조선에서 제일가는 황룡리'라고 말하는 것을 들은 김병학金炳學은 고종황제 앞에서 이 구절을 읊었다. 그러자 고종은 김경찬을 불러 "그대가 사는 황룡리가 조선의 제일이면, 한양은 어떠한가"라고 묻자, 김경찬은 "한양은 천하의 제일입니다"라고 재치 있게 답하였다고 한다.

요월정 바로 아래의 용바위와 낙화암에 얽힌 전설도 있다. 용 두 마리가 연못에 살면서 승천하기 위해 100일 동안 기도드린 후 한 마리는 이미 하늘로 올라가고 다른 한 마리가 막 올라가는 순간이었다. 그때 샘에 물을 길러왔던 처녀가 실수로 용의 꼬리를 밟아 올라가던 용이 낙화암에 떨어져 지금도 하늘의 부름을 기다리고 있다고 한다. 용이 떨어졌던 바위를 용바위라고 부른다. 황룡강·배롱나무·노송이 어우러진 빼어난 경관, 전설 같은 많은 이야기를 간직하고 있는 요월정은 예나 지금이나 모두의 사랑을 받는 명소임에 틀림없다.

전남 담양 지역에는 유명한 원림園林과 누정들이 많이 있다. 소쇄원·식영정·명옥헌·독수정 같은 곳이다. 식영정息影亭은 말 그대로 '그림자도 쉬어 가는 누정'이라는 뜻이다. 마음을 비우고 세속을 떠나 있는 곳, 자신의 분신인 그림자도 쉬어 가는 곳이 바로 식영정이다.

맑은 물이 흐르는 창계천을 내려다보는 성산星山(별뫼)에 자리한 식영정은 1560년(명종 15) 김성원金成遠(1525~1597)이 장인 임억령林億齡을 위해 지은 정자이다. 김성원은 임억령이 1557년 담양부사로 재임하면서 그의 제자가 되었고, 임억령은 딸을 김성원에게 시집보낼 만큼 신임이 컸다. 7살에 아버지를 여읜 김성원에게 임억령은 학문이나 인생의 나침판과 같은 남다른 존재였다. 김성원도 같은 시기에 식영정 바로 아래 서하당棲霞堂을 지어 자신의 거처로 삼았다.

성산의 식영정과 서하당이 주목받는 것은 그곳이 가사문학의 산실이기 때문이다. 이곳에는 당대의 유명한 문인들이 자주 왕래하였다. 대표적으로 송순宋純·김윤제金允悌·김인후金麟厚·기대승奇大升·양산보梁山甫·정철鄭澈·고경명高敬命 같은 인물을 들 수 있다. 특히 임억령과 제자인 김성원·고경명·정철은 식영정 사선四仙으로 불리며 이곳의 아름다움을 노래한 한시 〈식영정이십영息影亭二十詠〉을 남기기도 하였다.

〈식영정이십영〉은 식영정 일대의 아름다운 자연 경관을 전체 20수로 노래한 연작의 한시 제영이다. 지금은 광주호가 들어서 옛 풍경과 많이 다르지만 〈식영정이십영〉의 소제목을 통해 당시의 소박한 아름다움을 느낄 수 있다.

> 서석의 한가로운 구름 / 창계의 흰 물결 / 난간에서 물고기 보기 / 양지 쪽에 오이 심기 / 벽오동의 가을 달 / 푸른 솔의 하얀 눈 / 조대의 두 그루 소나무 / 환벽당의 영추 / 송담에 떠있는 배 / 석정의 바람맞이 / 학동의 저녁 연기 / 평교의 피리 소리 / 단교의 돌아가는 스님 / 백사장의 조는 오리 / 가마우지 바위 / 배롱나무 여울 / 복사꽃 거리 / 풀 향기로운 물가 / 연꽃 핀 지당 / 신선이 노니는 마을

식영정을 더욱 돋보이게 하는 것은 정철의 〈성산별곡星山別曲〉이다. 〈성산별곡〉은 식영정과 서하당이 있는 성산, 즉 별뫼의 아름다움을 대화식으로 표현한 시가로 가사문학의 정수로 꼽힌다.

> 어느 길손이 성산에 머물면서
> 서하당 식영정의 주인아 내 말을 들어 보소
> 인간 세상에 좋은 일이 많건마는
> 어찌하여 산수의 풍경을 갈수록 좋게 여겨
> 적막한 산중에 들어가서 나오지 않는 것인가.

식영정은 정면 2칸 측면 2칸의 팔작지붕으로 온돌방과 마루가 절반씩 차지한

다. 다른 누정과 달리 한쪽 귀퉁이에 방을 놓고 전면과 측면에 마루를 깐 형태이다.
겨울에는 온돌방으로 사용하다 여름에는 분합문을 들어 올려 탁 트인 대청마루와
같이 이용할 수 있다. 식영정은 한여름이면 우뚝 솟은 노송과 배롱나무가 어울려
아름다운 조화를 이룬다. 정자 옆의 멋스럽게 생긴 오랜 연륜의 소나무가 식영정의
역사를 지켜보고 있다. 오래전부터 시인과 묵객들이 교유하던 장소인 식영정에는
여러 현판들이 걸려 있다. 주위 아름다운 자연 환경과 역사 문화가 어우러진 식영
정 원림은 명승으로 지정되었다.

부용당·서하당(오른쪽)

식영정

부용당

서하당

송강 정철과의 꿈같은 만남

광주 **환벽당**

　　광주광역시의 환벽당環碧堂은 담양의 대표적 원림인 식영정息影亭에서 300m 남짓 거리의 창계천 건너에 자리하고 있다. 환벽당과 식영정은 맑은 시냇물인 창계천을 사이에 두고 서로 마주하고 있는 셈이다. 행정구역으로는 광주이지만 예나 지금이나 담양의 가사문화권과 더 밀접히 연결된다. 조선 중기의 학자 면앙정 송순宋純은 '식영정과 환벽당은 형제와 같은 정자'라고 했고, 또한 '소쇄원 - 식영정 - 환벽당'을 이 지역 대표적인 세 명승으로 지칭했다. 실제로 세 곳 모두 현재 국가 명승으로 지정되어 있다. 이들 세 곳은 당대의 석학인 송순·임억령·양산보·김성원·기대승·고경명이 수시로 왕래하며 자연 경관을 감상하고 시문과 가사를 지었던 누정문화의 상징적인 공간이다.

　　환벽당은 말 그대로 옥고리를 두른 듯 주변의 아름다운 자연 경관을 찬미하는 이름이다. 누정 뒤로는 오래된 소나무가 병풍처럼 둘러싸고, 누정 앞으로는 배롱나무꽃이 장관을 이룬 맑은 물줄기의 자미탄紫薇灘(증암천·창계천)이 흐르며 그 너머에 무등산에서 성산에 이르는 산줄기가 파노라마 같은 자연 경관을 보여주고 있다. 선

비들이 유유자적하게 자연을 음미하고 즐길 수 있는 최적의 조건을 갖추고 있는 것
이다.

환벽당 건너편 식영정의 주인이던 임억령도 〈식영정이십영〉 중 '조대쌍송_{釣臺}
雙松(낚시터와 두 그루 소나무)'에서 환벽당의 아름다움을 다음과 같이 노래했다.

雨洗石無垢   비에 씻기니 돌에는 때가 없고

霜侵松有鱗   서리 들이쳐 소나무 껍질은 두껍구나.

此翁唯取適   이 늙은이 단지 즐거움에 취할 뿐

不是釣周人   낚싯대 드리운 강태공은 아니라네.

환벽당은 나주목사를 지낸 사촌 김윤제金允悌(1501~1572)가 고향으로 낙향하여 후학을 양성하고 벗들과 친교를 나누던 정자이다. 김윤제는 임진왜란 때 의병장이었던 김덕령金德齡의 증조부이다. 김윤제는 을사사화가 일어나자 인척인 김성원이 살던 부근인 이곳에 누정을 짓고 후학을 양성하였다. 대표적인 제자가 송강 정철과 서하당 김성원이다.

김윤제와 정철의 첫 만남에 대한 전설 같은 이야기가 전해오고 있다. 김윤제가 환벽당에서 낮잠을 자다 바로 아래에 있는 창계천의 용소龍沼에서 용 한 마리가 놀고 있는 꿈을 꾸었다. 꿈에서 깨어 용소로 내려가 보니 용모가 출중한 소년이 멱을 감고 있었는데, 그가 바로 정철이었다는 것이다. 이렇게 사제지간이 된 후 김윤제는 그의 외손녀를 송강 정철에게 시집보낼 정도로 남다른 관계였다.

환벽당은 정면 3칸 측면 2칸의 팔작지붕 건물이다. 정면 두 칸은 온돌방이고, 방의 앞면과 옆면 한 칸은 마루이다. 환벽당 아래에는 담장을 두르고 연못을 조성하였다. 환벽당의 내력을 소상히 알려줄 수 있는 기록이 남아 있지 않아 어느 시기에 지어졌는지 확실치 않다. 누정에는 우암 송시열宋時烈이 쓴 '환벽당' 편액과 석천 임억령이 지은 다음과 같은 시가 걸려 있다.

烟氣兼雲氣	안개 서려 있는데 구름까지 끼고
琴聲雜水聲	거문고 소리에 물소리까지 더하네.
斜陽乘醉返	석양 무렵 술에 취해 돌아오는데
沙路竹輿鳴	모랫길에 대가마 소리만 나누나.

원림의 으뜸

담양 **소쇄원**

누구나 원림園林 하면 먼저 떠올리는 곳이 전남 담양의 소쇄원瀟灑園이다. 계곡을 흐르는 물줄기와 어우러진 소쇄원은 우리나라 원림의 대명사가 되었다. 소쇄원은 들어가는 길부터 예사롭지 않다. 담양을 상징하는 대나무 숲길을 걷다보면 계곡 건너 자연 속에 집 두 채가 앞뒤로 자리하고 있다. 바로 광풍각光風閣과 제월당霽月堂이다. 소쇄원에는 허튼 것이 하나도 없다. 돌 한 조각, 나무 한 뿌리가 다 제 역할이 있고 사연이 있다. 바람조차 그렇다. 바람에 흔들리는 댓잎 소리가 '소쇄瀟灑(깨끗하고 시원하다)'하다. 정말 '소쇄원'이다.

소쇄원은 소쇄옹 양산보梁山甫(1503~1557)가 세상을 등지고 낙향하여 지내던 곳이다. 양산보는 15세가 되던 해 한양으로 올라가 개혁 정치를 표방하던 조광조趙光祖의 제자가 되었다. 1519년(중종 14) 그가 17세의 나이가 되던 해 스승인 조광조가 기묘사화로 죽임을 당하자 충격을 받고 고향에 내려와 소쇄원을 짓고 은거하였다. 1536년에 조성된 소쇄원은 담양 - 광주 지역의 시인과 묵객들의 명소였다. 당시 소쇄원 - 식영정 - 환벽당을 거점으로 송순 · 임억령 · 김인후 · 정철 등 수많은 문인들

제월당

광풍각

이 왕래하였다. 특히 하서 김인후金麟厚는 연작의 〈소쇄원사십팔영瀟灑園四十八詠〉을 지어 소쇄원의 아름다움을 노래했다. 48경 가운데 10경의 제목만 보더라도 봄여름가을겨울 자연과 조화를 이룬 소쇄원의 느낌이 그대로 전해진다.

桃塢春曉   복사꽃 언덕에서 맞는 봄 새벽

桐臺夏陰   오동나무 언덕에 드리운 여름 그늘

映壑丹楓   골짜기에 비치는 단풍

帶雪紅梔   눈에 덮인 붉은 치자

刳木通流   나무 홈통을 뚫고 흐르는 물

斷橋雙松   다리 너머 두 그루 소나무

千竿風響   대숲에서 들려오는 바람소리

廣石臥月   넓은 바위에 누워서 보는 달

垣竅透流   담장 밑을 뚫고 흐르는 물

叢筠暮鳥   저물어 대밭에 날아드는 새

소쇄원을 대표하는 건물은 역시 광풍각과 제월당이다. 입구에서 바라보면 계곡 건너편에 광풍각이, 그 위로 살림집인 제월당이 자리한다. 두 건물의 이름은 송나라 명필인 황정견黃庭堅이 주돈이周敦頤의 사람됨을 "가슴에 품은 뜻이 마치 비 갠 뒤 해가 뜨면서 부는 청량한 바람光風 같고, 비 갠 하늘의 상쾌한 달빛霽月 같다"고 평한 말에서 따온 것이다. 양산보 스스로 그런 사람이 되고자 하였고, 그런 사람들이 왕래하기를 바라는 마음이 담긴 이름이다.

소쇄원은 크게 세 구역으로 나뉜다. 대봉대待鳳臺를 중심으로 계곡을 건너기 전과, 계류 너머의 광풍각, 그리고 살림집인 제월당 구역이다. 대숲을 지나면서 먼저 눈에 들어오는 것은 대봉대이다. 봉황을 기다리는 곳이라는 의미답게 봉황이 유일

하게 서식한다는 벽오동 나무가 그 앞에 자라고 있다. 거기에 앙증맞을 정도로 예쁜 담장인 오곡문五曲門과 애양단愛陽壇이 이어진다. 담장 아래를 터서 계곡의 물줄기를 그대로 흐르게 한 모습은 소쇄원 원림의 절정을 보여준다. 김인후는 〈소쇄원사십팔영〉의 '원규투류垣竅透流(담장 밑을 뚫고 흐르는 물)'에서 다음과 같이 묘사했다.

步步看波去	걸음걸음 물을 따라 지나가면서
行吟思轉幽	시 읊조리니 생각 더욱 그윽하네.
眞源人未沂	참된 근원을 찾으려는 사람 없어
空見透墻流	공연히 담장 밑으로 흐르는 물만 보누나.

계곡 사이 좁다랗게 놓인 나무다리를 건너면 광풍각이 있는 구역이다. 계곡을 건너려면 다리를 지나야 한다. 다리도 있는 둥 마는 둥 좁다란 다리이다. 자연에 순응하는 건축미가 돋보인다. 양산보가 식영정이나 환벽당에서 벗들과 한잔 걸치고 조심조심 다리를 건너는 모습이 그려진다. 정말 자연과의 조화를 이루는 자그마한 다리이다. 소쇄원의 중심 건물인 광풍각은 정면 3칸 측면 3칸의 팔작지붕 건물이다. 중앙에 방이 있고, 방 주위 사면에 마루를 놓았다. 세 방향의 분합문을 들어 올리면 방과 마루가 하나가 된다. 계류의 암반 위에 우뚝 선 광풍각의 모습은 주위 자연 경관과 함께 사시사철 아름다운 모습을 보여준다.

살림집인 제월당 구역도 아기자기하다. 제월당은 정면 3칸 측면 1칸의 팔작지붕이다. 주위에 담장을 두르고 가장 높은 위치에서 소쇄원 전체를 조망한다. 넓지도 좁지도 않은 마당에 심어진 여러 꽃나무, 광풍각에서 굽어 오르는 계단과 솟을대문이 조화를 이룬다. 제월당 담장을 돌아 내려가는 길의 굵은 대나무 숲과 계곡 아래에 놓인 다리도 마음을 평화롭게 해준다. 정말 소쇄원은 자연과 사람의 손길이 더해져 조화를 이룬 원림의 으뜸이다.

　　전남 담양의 여러 원림과 누정 가운데 사시사철 가장 아름다운 곳을 꼽으라면 명옥헌鳴玉軒을 들 수 있다. 명옥헌 하면 누구나 먼저 배롱나무를 떠올린다. 안동 병산서원屛山書院의 배롱나무가 유명하지만 명옥헌을 따라올 수 없다. 명옥헌은 봄날 동백꽃과 매화꽃이 필 때도 좋지만, 여름날 배롱나무꽃이 필 때가 가장 아름답다. 연못가에 오래된 배롱나무꽃이 만개한 사이로 빼죽이 지붕이 보이는 명옥헌의 모습은 천상의 화원이다.

　　명옥헌은 명곡 오희도吳希道(1583~1623)가 외가가 있던 담양 후산마을에 옮겨 살게 된 데서 비롯되었다. 오희도는 광해군의 폭정을 피해 명옥헌 근처에 망재忘齋라는 조그만 서재를 짓고 자연을 즐기며 살았다. 그 무렵 능양군綾陽君, 즉 훗날의 인조가 반정을 도모하기 위해 월봉 고부천高傅川이 추천한 오희도를 세 번 찾아왔다는 이야기가 전한다. 인조반정 후 문과에 급제한 오희도는 얼마 지나지 않아 천연두에 걸려 사망하였다.

　　오희도가 죽은 후 아들 장계 오이정吳以井(1619~1655)은 평소 아버지가 자연을 즐기던 곳에 터를 잡아 명옥헌을 짓고, 아래 위 두 곳에 연못을 파고 주위에 나무를 심었다. 오이정이 태어난 지 5년 만에 돌아가신 아버지에 대한 그리움과 애틋함을 담아 지은 곳이 바로 명옥헌이었다.

명옥헌은 곁에 있는 계곡 물소리가 마치 '옥구슬이 부딪쳐 깨지는 듯 맑은 소리' 같다는 정홍명鄭弘溟(1582~1650)의 문구에서 따온 것이다. 정홍명은 가사문학을 대표하는 송강 정철의 아들이자 오희도의 친구로 〈명옥헌기鳴玉軒記〉를 짓기도 하였다. 그 기록은 지금도 남아 있다. 정자 뒤편 바위에는 우암 송시열이 썼다는 '명옥헌 계축鳴玉軒癸丑'이라는 글자도 남아 있다.

다른 담양의 누정에 비해 명옥헌을 노래한 문학 작품은 별로 없다. 그나마 〈명옥헌기〉를 지었던 정홍명의 시가 남아 있어 그 풍취를 느낄 수 있다.

瑞石山勢東南來   서석산 줄기가 동남쪽으로 내려오니

圓崖綠水相還回   둥근 언덕에 푸른 물이 서로 휘돌아가네.

一區林壑小椀麓   한 곳은 숲 우거진 작은 주발 같은 산록이요

三椽草舍憑雪微   세 서까래로 엮은 초당은 눈 쌓인 낭떠러지에 기대있구나.

명옥헌은 정면 3칸 측면 2칸의 팔작지붕이다. 정자 한가운데 방이 있고, 그 주위에 'ㅁ'자 형태로 마루를 놓았다. 소쇄원의 광풍각과 비슷한 구조이다. 다른 정자에 비해 마루가 조금 높고, 네 곳에 처마를 받치는 활주가 세워져 있다.

명옥헌에는 아래위 두 곳에 연못이 있다. 두 곳 모두 땅을 상징하는 네모난 연못에 하늘을 의미하는 둥근 모양의 섬이 떠 있는 모습이다. 배롱나무꽃이 만개할 때면 말문이 막힐 정도로 아름답다. 명옥헌 원림은 어디를 보든 오래도록 눈을 뗄

수 없다. 썩어가는 고목 위에 떨어진 배롱나무 꽃잎도 빛을 발한다.

　명옥헌은 바깥에서 누정을 바라보는 모습도 아름답지만 누정에서 바깥을 보는 모습이 훨씬 아름답다. 누정의 열려진 방문, 마루와 기둥과 처마 사이로 보이는 원림의 모습은 고급 액자 속에 담겨진 명화를 보는 느낌 이상이다. 명옥헌 원림은 그야말로 천상天上의 화원花園이다.

담양 **독수정**

홀로 절개를 지키는

소쇄원에서 멀지 않은 거리에 또 다른 정자 독수정獨守亭이 있다. 전남 담양에 자리한 소쇄원·식영정·명옥헌이 조선 중기에 세워진 데 비해 독수정은 조선 건국 직후인 1393년(태조 2)에 지어졌다. 독수정은 고려 말 공민왕 때 병부상서를 지낸 전신민全新民이 정몽주가 살해되고 고려가 멸망의 길을 걷게 되자 가족을 데리고 이곳에 낙향하여 집을 짓고 은거한 곳이다.

독수정이란 이름은 말 그대로 망한 고려를 홀로 지키겠다는 의미이다. 독수정은 당나라 시인 이백李白이 지은 "백이伯夷 숙제叔齊는 누구인가. 홀로 서산에서 절개를 지키다 굶어죽었네夷齊是何人 獨守西山餓"라는 시구에서 따온 이름이다. 수양산에 들어가 고사리를 캐먹으며 지조를 지켰던 백이와 숙제의 정신을 뒤따르겠다는 의미가 담겨 있다. 이는 전신민이 지은 〈독수정술회獨守亭述懷〉라는 현판에도 잘 표현되어 있다.

지난 풍우에 마침내 가족을 이끌고 남쪽으로 내려왔으니 곧 서석산瑞石山 북쪽 기슭 10리쯤이었

다. 여기에 거처를 삼았으나 난세의 고신孤臣인 나는 나라 잃은 슬픔을 이기지 못한 채 그저 죽지

못한 것을 한스러워하며 서글픈 마음을 가눌 수 없었다. 그래서 마을의 동쪽 기슭 높은 곳, 시내

의 굽이진 곳 위에 작은 정자를 짓고 독수정이라 이름하였다. 그것은 영원히 두문杜門한 뜻을 잊

지 않겠다는 맹세의 말이다.

독수정은 정면 3칸 측면 3칸의 팔작지붕 건물로 가운데 방을 드리고 삼면에 마

루를 둘렀다. 소쇄원의 광풍각과 비슷한 형태이다. 현재의 건물은 후대에 중수된

것이지만, 전신민의 고려에 대한 충절이 그대로 느껴진다. 다른 정자와 달리 북향

을 하고 있다. 고려의 수도 개경을 향하고 있기 때문이다.

독수정에는 전신민의 〈독수정술회〉를 비롯한 여러 문인과 후손들이 지은 12개

의 현판이 걸려 있다. 전신민은 독수정의 건립 내력과 쓸쓸한 자신의 심정을 다음
과 같이 담담히 적고 있다.

風塵漠漠我思長	세상 일이 막막하여 생각이 많아지는데
何處雲林寄老蒼	어느 깊은 숲에 늙은 이 몸을 기댈까.
千里江湖雙鬢雪	천리 밖 강호에서 백발이 되고 보니
百年天地一悲涼	한 세상 인생살이 슬프고 처량하네.
王孫芳草傷春恨	꽃 풀 같던 왕손들은 봄날 한탄하며 이지러지고
帝子花枝叫月光	꽃나무 가지 같던 임금의 아들은 달빛 보며 울부짖누나.
卽此靑山可埋骨	바로 여기 청산에 뼈를 묻어
誓將獨守結爲堂	홀로 지킬 것을 다짐하며 집 한 채 지었네.

이런 전신민의 글에 차운한 여러 시들이 있다. 그 가운데 이광수李光洙가 지은
〈독수정십사경獨守亭十四景〉의 마지막 편인 '연교반조鷰橋返照(제비다리의 저녁 볕)'를 보
면 아름다운 경관 속에 자리한 독수정의 아픈 속사정이 느껴지는 듯하다.

鷰子傳名此一矼	제비가 이름을 전했다는 외나무다리
花間返照入滄江	꽃 사이로 낙조가 푸른 물에 비치네.
漁歌初歇商歌和	어부의 노래 그치자 장사치가 노래로 화답하고
競向爐頭倒酒缸	다투어 화로 옆으로 가서 술병을 기울이누나.

애잔한 독수정이라 그런지 특이하게 정자 아래위로 묘가 있다. 독수정이란 이
름과 어울리는 우뚝 솟은 소나무 한 그루가 곁에서 지키고 있다.

고반원 옛터에 다시 지은

화순 **임대정**

和順 臨對亭

전남 담양의 소쇄원에서 차로 40분 정도 거리에 화순 임대정臨對亭이 있다. 보성강의 지류인 사평천이 내려다보이는 곳이다. 임대정은 병조참판을 지낸 사애 민주현閔冑顯(1808~1882)이 지은 정자이다. 그가 지은 〈임대정기〉나 《여흥민씨세보》에 의하면 1862년(철종 13) 55세의 나이에 벼슬을 버리고 낙향한 것으로 기록되어 있다. 하지만 《고종실록》을 보면 1870년(고종 7) 한성부우윤에 제수되고, 1875년까지 정계에서 활약하고 있던 기록을 볼 때 임대정에 아주 정착하여 생활한 것은 1875년 이후라고 생각된다.

임대정이 있는 장소는 예전부터 풍광이 좋아 선조 때 고반 남언기南彦紀(1534~?)가 수륜대垂綸臺라는 정자를 짓고, 그 일대의 원림園林을 고반원考槃園이라고 이름하였던 곳이다. 세월이 흘러 고반원이 황폐화되자 민주현이 그곳에 임대정을 짓고 원림을 조성한 것이다.

〈임대정기〉를 보면 소박한 건물이지만 주위 자연환경과 잘 어우러진 모습에 주인으로서의 자부심을 느낄 수 있다.

마침내 약간의 목재를 모아 한 칸의 초가집을 만들어 완성하였다. 위에서 내리는 비를 막고 옆에서 부는 바람을 통하게 하니 멀리 바라보면 마치 버섯과 같기도 하고 우산과 같기도 하였다. ……
비록 규모가 협소하고 대강 만들어 족히 보잘 것은 없으나 시내와 산이 그윽하고 절묘하며 기색이 맑고 상쾌하여 가히 사랑스럽다.

누정 산책

　　임대정이란 이름은 중국 북송 대의 유학자 주돈이_{周敦頤}의 "새벽 물가에 임하여 여산을 바라보네_{終朝臨水對廬山}"라는 시구에서 따온 것이다. 임대정은 정면 3칸 측면 2칸의 팔작지붕 건물로 지대가 높은 언덕 위에 자리하고 있다. 임대정에는 여러 시인과 묵객들이 지은 현판이 거의 30개에 이르러 그 가치를 더해주고 있다. 임대정에 걸려 있는 민주현의 〈임대정원운臨對亭元韻〉을 보면 자연 속에서 유유자적한 생활을 즐기고 있는 모습이 잘 표현되어 있다.

新築小亭杏樹陰	은행나무 그늘에 새로 지은 작은 정자
箇中幽興倍難禁	그 속에 깊은 흥치 더욱 금할 수 없네.
携壺間有詩朋到	시 읊는 친구들 술병 들고 찾아오고
爭席何嫌野老尋	늙은 농부들 때때로 자리를 다투누나.
夏坐淸風生木末	여름에는 맑은 바람이 나무 끝에 일고
秋看皓月在潭心	가을 되니 밝은 달이 연못 속에 잠기네.
對山臨水無窮趣	산을 마주하고 물가에 머문 무궁한 정취
不妨軒頭抱膝吟	정자 위에 무릎 안고 시 읊조리니 방해 마오.

임대정 원림에는 담양의 명옥헌 원림과 마찬가지로 위아래 두 곳에 연못이 조성되어 있다. 정자 옆에 있는 작은 연못은 땅을 상징하는 사각형의 연못에 하늘을 의미하는 둥근 섬이 떠있는 모습이다. 그 옆 자연석에 '사애선생장구지소沙厓先生杖屨之所(사애 민주현 선생이 자주 머물던 곳)'이라는 글이 새겨 있다.

주돈이는 연꽃을 군자의 꽃이라 하여 각별히 좋아했다. 크지도 작지도 않은 임대정의 아래 연못에도 연꽃이 심어져 있다. 연 밭 너머로 빼죽이 보이는 임대정은 높지 않지만 마치 중세의 성을 보는 듯한 느낌이다. 근래에 명승으로 지정되어 화순의 대표적인 명소가 되었다.

탐진강 절경에 세워진

장흥 **부춘정**

　　정남진正南津의 고장 전남 장흥이 자랑하는 8경 가운데 탐진강이 있다. 탐진강은 전남의 3대강으로 영암에서 발원하여 장흥과 강진을 거쳐 남해로 흘러간다. 특히 장흥 땅에 이르러 여러 습지를 조성하고 주위 자연 경관과 어우러져 아름다운 모습을 보여주는 곳이 많다. 그러한 절경지 곳곳에 누정이 들어서 있다. 그중의 하나가 부춘정富春亭이다.

　　부춘정이란 명칭의 정자는 영암에도 있고, 화순에도 있다. 모두 봄이 먼저 이르는 남도 땅이다. 장흥 부춘정은 수려한 탐진강이 내려다보이는 마을 어귀에 있다. 부춘정 주위 강변을 따라 노송을 비롯한 여러 수종의 노거수가 부춘정을 돋보이게 한다. 그래서 '부춘정'보다는 '부춘정 원림'으로 불린다.

　　부춘정은 임진왜란 당시에 의병장이었던 문희개文希凱(1550~1610)가 1598년 낙향하여 지은 정자였다. 문희개는 1576년(선조 9) 진사시에 합격하고 임진왜란 당시의 전공으로 고창현감을 지냈던 사람이다. 부춘정의 처음 이름은 문희개의 호를 따서 청영정清穎亭이라 하였다. 청영정이 들어선 자리는 그 이전부터 전라감사 김길통金

吉通(1408~1473)이 자주 머물며 쉬던 곳이었다. 김길통의 후손인 청풍김씨 김기성金基成이 1838년(헌종 4) 무렵에 청영정을 매입하여 부춘정으로 이름을 바꿔 오늘에 이르고 있다. 새로운 부춘정의 주인이 된 김기성은 감회에 젖어 다음과 같은 시를 지었다.

年已四旬成此亭	내 나이 사십에 이 정자 세우니
眼前物物各新形	눈앞의 만물이 저마다 새로운 모습이네.
龍盤老石行時雨	큰 바위에 서린 소나무 빗소리 내고
魚躍長江動夜星	긴 강에 뛰노는 물고기로 밤별도 출렁이누나.
皓月盈臺談且笑	달빛 쏟아지는 정자에서 이야기꽃 피우고
淸風滿座醉還醒	선선한 바람에 취했다 다시 깨네.
先祠始闢春山裏	이렇듯 부춘산에 선조의 사당을 세우니
天以與之鐘地靈	하늘이 내려주신 신령한 곳이라오.

부춘정은 정면 3칸 측면 2칸의 팔작지붕이다. 중앙에 정면 2칸 측면 1칸의 온돌방이 있고, 방 주위 세 면에 마루가 놓인 형태이다. 중앙에 방을 만들다 보니 측면 마루 쪽 기둥은 3개이고, 방 쪽은 5개이다. 방문도 두 면은 들어열개문으로 만들어 조망을 좋게 만들었다. 구들이 있는 벽면에 앙증맞고 자그마한 쪽문을 내어 출입과 동시에 방 안에서 강변을 바라볼 수 있다.

정자 측면에 '부춘정富春亭'이란 편액과 정면에 '풍영루風詠樓'라 쓰인 편액이 걸려 있다. '백세청풍百世淸風', '제일강산第一江山'이라 쓰인 커다란 현판도 눈길을 끈다. 그 외에도 여러 기문과 시판들이 걸려 있다. 정자 아래 냇가 바위에는 옥봉

누정 산책

백광훈白光勳이 썼다는 '용호龍湖'라는 글자가 새겨져 있다. 부춘정에서 바라보는 가

까운 경치도 좋고, 멀리 보이는 경치도 좋다.

순천 **초연정**

숨바꼭질 하듯 꽁꽁 숨어 있는

전남 순천에는 국가에서 지정한 '명승'이 세 곳 있다. '순천만', '조계산 송광사·선암사 일원', '순천 초연정 원림'이다. '순천만'은 우리나라의 대표적인 연안 습지로 끝없는 갯벌과 갈대밭, 거기에 'S자형' 수로에 지는 해까지 더하면 말로 표현하기 힘든 아름다운 경관을 보여주는 곳이다. '조계산 송광사·선암사 일원'도 마찬가지다. 맑은 물줄기와 울창한 숲으로 뒤덮인 조계산의 서편과 동편에 천년 고찰 송광사와 선암사가 자리한다. 또 다른 명승 '순천 초연정 원림超然亭園林'은 어떠한가. 세 곳 가운데 가장 먼저 국가 지정 명승이 되었지만 아는 사람은 거의 없다. 초연정 원림은 내비게이션에도 순청시청 홈페이지에도 찾아지지 않는다. 이처럼 푸대접 받고 있는 명승이 또 있는지 모르겠다.

'초연정'이란 말 그대로 '자연을 뛰어넘는 자연 속의 정자'라는 뜻이다. 이 정자는 모후산 자락에서 흘러내려오는 청량하고 맑은 계곡물과 울창한 나무숲을 내려다보며 숨어 있듯 자리하고 있다. 초연정 원림은 찾아가기도 쉽지 않다. 순천 시내에서 차로 가도 1시간 이상 걸린다. 주암댐 건설로 물길 따라 돌고 돌아가다 주

암호의 신평교를 건너서 섬처럼 고립된 유경마을 - 왕곡마을을 지나야 한다. 도착해도 초연정 원림을 소개하는 제대로 된 표지판 하나 없다. 정말 숨바꼭질 하듯 꽁꽁 숨어 있는 초연정이다.

초연정은 원래 1788년(정조 12) 대광사 승려가 지어 수석정水石亭이라 불렸던 곳이다. 1809년(순조 9) 청류헌 조진충趙鎭忠(1777~1837)이 중건하였고, 고종 때 송병선宋秉璿이 지금의 초연정으로 이름을 바꾸었다. 초연정 곁의 바위에는 '청류헌聽流軒'이라 새겨진 암각이 남아 있다. 송병선은 1905년 을사늑약 때 음독 자결했던 인물이다. 그는 자연을 넘어서 더 자연스러운 초연정을 노래한 다음과 같은 시를 지었다. 송병선의 《연재집淵齋集》에 실려있다.

亭起幽深處	정자 그윽하고 깊은 곳에 서 있어
宜爲隱者居	마땅히 은자가 살기 마련이네.
苔痕遊澗鹿	이끼엔 냇가 노닐던 사슴 흔적 있고
花影戲池魚	꽃 그림자는 못 속 물고기 놀리는구나.
信宿聽山雨	이틀 자며 산 빗소리 들었고
開懷談架書	가슴 열고 시렁의 책 이야기하네.
超然塵慮息	초연히 세속의 근심 사라지고
瀟灑我襟虛	내 텅 빈 가슴이 시원하구나.

초연정은 정면 3칸 측면 2칸의 팔작지붕이다. 정면 우측 2칸은 방이고, 좌측 1칸은 마루이다. 정면 3칸과 우측 방 앞으로 모두 툇마루가 있다. 2칸의 온돌방은 통

칸으로 사면에 여러 개의 문을 내어 방에서도 자연 경관을 감상하기 좋게 만들었다. 특히 자연석 암반 위에 여러 겹의 축대를 세워 지은 초연정 뒤로는 기괴한 바위들이 병풍처럼 둘러쳐 있다. 그 가운데 '깃대바위'라 불리는 바위에 전하는 일화가 있다. 고려 공민왕이 홍건적의 침입을 피해 처음 머문 마을이 '유경留京' 마을이고, 거기서 조금 떨어진 곳으로 두 번째 피신하여 머문 곳이 '왕대王垈' 마을이다. 왕을 호위하던 장수가 초연정의 큰 바위에 깃대를 꽂았다 하여 '깃대바위'라고 부른다는 것이다. 예전에는 편액과 여러 현판이 있었다고 하는데 지금은 시판 하나만 덩그러니 걸려 있어 아쉬움이 느껴진다. 그나마 여러 문집에 〈초연정기〉 〈초연정중수실기〉 〈창건사적기〉 〈상량문〉과 시가 남아 있어 다행이다.

산간 계곡에 위치한 초연정 원림은 크게 두 구역으로 나뉜다. 하나는 초연정이 있는 곳으로 내원內園이고, 다른 하나는 초연정 아래 계곡 일대로 외원外園이다. 초연정 일대의 내원은 울창한 숲과 기암괴석이 어우러져 있다. 외원인 계곡에는 수량은 많지 않지만 바위 위로 맑은 물이 흐르고, 주위 바위에는 초연정과 관련된 '송병선'과 '조장호'를 비롯한 여러 인물의 이름이 새겨져 있다. 사람의 발길이 닿지 않는 '속세를 벗어난 초연정'이다.

세연정洗然亭은 고산 윤선도尹善道(1587~1671)가 전남 보길도에 지은 정자이다. 윤선도 하면 떠오르는 곳은 해남 녹우당綠雨堂과 보길도 부용동 원림芙蓉洞園林이다. 해남 녹우당은 서울에 살던 윤선도가 8세 때 큰아버지에게 입양되어 생활하던 윤선도의 고택이자 해남윤씨의 종택이다. 보길도는 윤선도가 병자호란 때 인조가 항복했다는 소식을 듣고 제주도에 은거하려다 보길도의 자연 경관에 반해 1637년(인조 15) 이후 세연정 - 낙서재樂書齋 - 동천석실洞天石室을 짓고 말년을 보냈던 곳이다. 윤선도는 "낙서재에서 아침이면 닭 우는 소리에 일어나 후학을 가르치고, 수레를 타고 악공을 거느리며 세연정이나 동천석실에 가서 자연을 벗삼아 즐겼다"고 한다. 윤선도는 51세부터 85세에 작고할 때까지 이곳을 여러 차례 왔다 갔다 하면서 13년 동안 머물렀다.

윤선도가 살았던 시기는 사화와 당쟁의 시기였다. 윤선도 하면 부잣집 세도가의 아들로 풍류를 즐기던 행복한 문인으로만 생각한다. 반은 맞고 반은 틀리다. 윤선도 생애의 절반은 유배와 은둔 생활이었다. 남인이었던 윤선도는 서인 송시열宋時烈과 맞서다가 여러 차례 삭탈관직 되고 유배 생활을 전전하였다. 효종이 봉림대

군鳳林大君으로 세자이던 당시에 윤선도는 그의 사부였다. 그래서 효종이 왕위에 있을 때는 그나마 나았다. 하지만 1659년 효종이 죽고 예송禮訟이라 불리는 복상服喪 문제로 송시열과 대립하다 삼수三水에 유배되었다가 1667년(현종 8)에야 풀려났다. 그 이후 보길도에서 여생을 보냈다.

윤선도가 어떤 사람인가. 우리나라를 대표하는 시조 작가 아닌가. 누구나 한 번쯤 들어본 '오우가五友歌' '어부사시사漁父四時詞' 등 주옥같은 시조를 남긴 문인이다. 특히 장문의 어부사시사는 1651년(효종 2)에 보길도의 사계절을 노래한 시조이다. 이 가운데 가을을 노래한 구절이다.

속세 밖의 좋은 일이 어부의 삶 아니더냐

배 떠라 배 떠라

어옹을 비웃지 마라 그림마다 그렸더니라

지국총 지국총 어사와

사계절의 흥이 한가지이나 가을 강이 으뜸이라

고산 윤선도가 세상을 떠난 지 오랜 시간이 흘렀다. 자신의 무릉도원이던 부용동 원림도 예전 모습이 아니다. 그나마 옛 모습이 많이 남아 있는 것은 세연정이다. 현재의 세연정을 비롯한 부용동 원림의 모습은 근래에 복원된 것이다.

세연정은 두 곳의 인공 연못 사이에 지은 정면 3칸 측면 3칸의 팔작지붕이다.

여러 겹의 돌을 쌓아 기단을 만들고, 그 위에 기둥을 세운 정자의 형태이다. 정자에는 1칸의 온돌방을 만들고 나머지는 대청마루의 구조이다. 정자 전체의 네 면에 들어열개문을 달았다. 올리면 넓은 대청마루가 되고, 내리면 전체가 방이 되는 구조이다. 대청마루 기둥 사이로 보이는 풍경은 장관이다. 어디를 봐도 그렇다.

세연정을 둘러싼 인공 연못은 사람의 힘이 더해져 오히려 더 자연스럽다. 우리나라에서 유일하게 석조보를 조성하여 인공 연못을 만들었다. 거기에 우뚝우뚝 솟아있는 7개의 돌은 살아 움직이는 느낌이다. 고산 윤선도는 여러 돌 가운데 하나를 '혹약암或躍巖'이라 이름 짓고 다음 같은 시를 지었다.

蜿然水中石   꿈틀거리는 물속의 저 바위

何似臥龍巖   어쩌면 저리도 와룡암을 닮았는지.

我欲寫諸葛   내가 제갈공명의 초상화를 그려

立祠傍此潭   이 못 옆에 사당을 세우고 싶구나.

윤선도가 은거하며 풍류를 즐겼던 보길도. 그 보길도에 남인 윤선도에게 오랜 기간 시련을 안겨주었던 서인 송시열의 흔적이 함께 남아 있다. 윤선도가 세상을 떠난 지 18년 후인 1689년(숙종 15) 우암 송시열이 제주도로 유배 가던 중 풍랑으로 기착한 곳이 바로 보길도였다. 세연정에서 멀지 않은 곳이다. 송시열은 보길도 끝 암벽에 자신의 죽음을 예감이라도 하듯 왕을 그리워하며 신세를 한탄하는 시를 새겨 놓았다. 그것도 보일 듯 말 듯 글씨도 작고 힘도 없다. 우암의 나이 83세 때였다. 보길도에서 85세까지 풍류를 즐기던 고산 윤선도, 83세의 나이에 죽음을 맞이하며 자신의 신세를 한탄하던 우암 송시열. 남인과 서인의 영수로 대결하던 두 거물의 자취가 보길도에 함께 남아 있다. 역사의 아이러니가 느껴진다.

계곡 계류의 누정

영덕 **침수정**

盈德 枕漱亭

물을 베개 삼고 돌로 이를 닦는

대부분의 누정은 빼어난 절경에 지어진다. 경북 영덕의 침수정枕漱亭도 그렇다. 침수정이 들어선 자연적 조건을 보면 우리나라 최고의 정자라고 할 만하다. 침수정은 산 좋고 물 맑은 옥계계곡에 자리한다. 침수정이 있는 옥계계곡은 정말 외진 곳이다. 영덕·청송·포항의 경계 지점인 산간 오지이다. 팔각산과 동대산의 계곡물이 합류하는 지점의 암반 위에 지어진 침수정은 청정한 자연을 즐기기에 가장 좋은 장소이다. 마치 신선이 혼자만 즐기려는 듯 숨어있다.

침수정은 1784년(정조 8) 손성을孫星乙(1724~1796)이 지은 정자이다. 그가 어떤 인물인지는 잘 알려져 있지 않다. 손성을은 과거 시험을 통한 출세를 지향하던 인물은 아니었다. 문과는커녕 생원진사시 합격자 명단에도 그의 이름이 확인되지 않는다. 그렇다고 글재주가 없었던 것도 아니었다. 옥계 37경을 노래한 그의 시를 보면 잘 알 수 있다.

침수정이란 정자 이름도 범상치 않다. 누정에 이런 이름을 붙일 정도면 보통 식견이 아니다. '침수枕漱'는 '베개 침'에 '이 닦을 수'이다. 이 말은 중국 고사 '침류

수석枕流漱石'에서 유래한다. 진晉나라 때 임기응변에 능한 손초孫楚란 사람이 있었
다. 어느 날 "돌을 베개 삼고, 흐르는 물로 이를 닦는다"라고 해야 할 것을 "흐르는
물로 베개 삼고, 돌로 이를 닦는다"고 잘못 이야기한 적이 있었다. 이 말을 들은 왕
제王濟가 잘못을 지적하자 손초가 "물로 베개를 삼는 것은 더러운 귀를 씻으려는 것
이고, 돌로 이를 닦는 것은 세속에 물든 치아를 갈아 없애기 위한 것"이라고 그럴
듯하게 둘러대었다. 이후 이처럼 임기응변으로 엉뚱한 주장을 하는 상황을 빗대어
'침류수석'이라고 일컫게 되었다. 하지만 이 말은 나중에 '세속을 떠나 자연을 벗
삼아 사는 모습'을 의미하는 말로 변용되었다. 모든 누정 이름이 특별한 의미를 담
고 있지만, 침수정만큼 잘 지은 누정도 없다. 침수정이 자리한 계곡에는 수석 같은
바위와 푸르디푸른 맑은 물줄기가 흐르고 있다.

누정 산책

예로부터 침수정이 있는 옥계계곡은 절경으로 유명하다. 기암괴석과 깊고 맑은 물이 만들어낸 신비로운 자연 경관을 노래한 〈옥계 37경〉이 널리 알려져 있다. 그 가운데 침수정 우측으로 병풍처럼 둘러친 제6경인 '삼층대三層臺'를 노래한 시를 보면 예나 지금이나 그 모습이 변함없다.

欲學仙方此有階	신선의 도를 배우려 계단을 만들어서
分明三等屹臨溪	뚜렷이 삼층을 나누어 냇가에 우뚝 서있구나.
上頭寄觀誰知得	머리 위의 기이한 모습 누구나 알 수 있고
努力多年庶一躋	몇 년 동안 애쓴다면 한 번쯤 오를 텐데.

침수정은 정면 2칸 측면 2칸의 팔작지붕으로 아담하다. 뒤편의 2칸은 방이고, 앞의 2칸은 자연 암반 위에 세워진 누마루 형태이다. 뒷면을 제외한 3면에 계자 난간을 둘러 자연 경관을 감상하기 좋게 만들었다. 앞쪽은 낭떠러지여서 누정으로 들어가는 문을 뒤에 만들었다. 누정에는 '침수정'이라 쓰인 편액과 중수기, 그리고 손성을이 주위 자연 환경을 묘사한 빼어난 시가 걸려 있다.

萬事吾身付一亭	만사에서 벗어나 이 몸을 정자 하나에 맡겨 두니
淸音擊碎入總欄	맑은 물소리 부서져 정자 난간으로 들어오네.
龍愁春暮蟠藏窟	용은 저문 봄을 근심하여 구불구불 굴 속에 숨었고
鶴喜秋晴舞環屛	학은 청명한 가을을 좋아해 병풍바위에서 춤추누나.
老石三龜窺淺瀑	오래된 세 마리 돌 거북은 폭포 물 얕아지길 엿보는데
閒雲八角捲疎扃	한가한 구름은 팔각 봉우리를 감았다 풀었다 하네.
平生浮坐烟霞積	평생토록 둥실둥실 떠있듯이 노을 안개 속에 앉았으니
玉府眞緣夢幾醒	선계 같은 현실이 꿈인가 하여 몇 번씩 깨어나누나.

추사와 그의 아버지를 만나는 포항 분옥정

浦項 噴玉亭

경북 포항 지역의 대표적인 누정으로는 덕동마을의 용계정龍溪亭과 치동마을의 분옥정噴玉亭이 있다. 두 정자는 모두 계류의 맑은 물가에 자리잡고 있고, 집성 마을에 세워졌다는 공통점이 있다. 용계정은 덕동마을의 여강이씨 동성마을에, 분옥정은 치동마을 경주김씨의 동성마을에 있다. 분옥정이 자리한 치동마을에 처음 정착한 사람은 일암 김언헌金彦憲이다. 그는 1636년(인조 14) 병자호란을 피해 이 마을에 정착하였으며, 직접 주위 나무를 벌채해 마을의 터전을 닦았다고 한다. 그래서 마을 이름을 처음에는 '벌치동伐致洞'이라 하였다.

분옥정은 숙종 때 유학자 김계영金啓榮을 기리기 위해 1820년(순조 20) 후손 김종한을 중심으로 경주김씨 문중에서 지은 정자이다. 분옥정은 '용계정사' '화수정' '청류헌' 등의 여러 이름으로도 불린다. 그중 '분옥정噴玉亭'은 '옥구슬을 뿜어낸다'는 의미이다. 정자 아래 급경사로 흐르는 계곡의 물줄기가 바위에 부딪치며 옥구슬 같은 물방울을 튕겨내는 모습이 연상된다. '청류헌聽流軒'은 '계곡의 흐르는 물소리가 잘 들리는 집'이라는 의미이며, '용계정사龍溪精舍' 또한 계곡의 물줄기와

연관된 이름이다. '화수정花樹亭'은 정자 주위의 '꽃과 나무가 우거진 모습'을 반영
한 이름으로 분옥정, 아니 화수정 너머 계곡의 주위에는 숲이 우거져 있다. 특히 분
옥정 개울 건너 암반에 뿌리를 내리고 여러 갈래의 가지를 드러내고 있는 '만지송
萬枝松'은 분옥정의 품격을 높여 준다.

　분옥정은 여러 이름만큼 들어선 모습도 독특하다. 분옥정은 보는 위치에 따라
느낌이 다르다. 마을 쪽에서 보면 담 너머 나지막한 단층집이다. 하지만 좌우측이
나 계곡 쪽에서 바라보면 하늘로 치솟은 누각처럼 보인다. 구조도 특이하다. 분옥
정은 정면 3칸 측면 2칸의 2층 누각 형태의 대청마루에 1칸짜리 두 개의 방이 계곡
을 향해 'T'자 모양으로 이어져 있다. 'T'자 모양 지붕의 두 면은 맞배지붕이고, 한
면은 팔작지붕이다. 분옥정의 1층은 계곡의 암반에 높낮이가 다른 기둥을 그랭이
질하여 세웠다. 2층 마루는 계곡을 내려다보는 정면 3칸만 개방하고 좌우는 판벽에
판문을 달았고, 계자 난간을 둘렀다. 2층 마루에 이어진 두 개의 방은 마루와 달리
단층이고, 문밖으로 툇마루를 놓았다. 계곡 방향을 제외한 삼면에 담장을 쌓고 출
입하는 문은 뒤쪽에 일각문으로 만들었다.

　분옥정에는 여러 편액과 기문이 걸려 있다. 분옥정을 부르는 이름이 여럿인 만큼 정자에는 여러 명칭의 편액이 있다. 그 가운데 '용계정사'와 '화수정' 편액은 추사 김정희金正喜의 아버지 유당 김노경金魯敬이 쓴 것이다. 김노경도 그의 아들 못지않은 명필이다. 또한 '분옥정'과 '청류헌' 편액은 추사의 낙관은 없지만 김정희가 쓴 것으로 알려져 있다.

　추사 부자의 편액과 더불어 당시 우의정이었던 김도희金道喜가 지은 기문도 함께 걸려 있다. 김도희의 〈화수정기〉는 1844년(헌종 10)에 지은 것으로 이를 보면 기문을 쓴 내력이 적혀 있다. 치동마을에 거주하는 경주김씨 문중에서 정자를 짓고 추사의 아버지 김노경에게 편액을, 추사의 6촌 형님인 김도희에게는 기문을 써줄 것을 요청했던 것이다. 김노경과 김도희, 김정희는 모두 경주김씨이다. 이처럼 포항 분옥정에 가면 우리나라 최고의 서예가로 손꼽히는 추사와 그의 아버지 유당 김노경의 서체를 함께 보는 즐거움을 누릴 수 있다.

경주 독락당 **계정**
경주 독락당
누정 건축의 백미

慶州 獨樂堂 溪亭

경주에는 볼거리가 참 많다. 경주는 신라의 천년 수도로 수많은 문화유산의 보고이다. 뿐만 아니라 경주는 조선의 선비 문화를 대표하는 고장이기도 하다. 선비 문화의 고장이라 하면 대개 안동을 떠올리기 마련이다. 이 같은 안동에 견줄 수 있는 곳이 바로 경주이다. 우리나라 대표적인 씨족 마을이자 양반 마을로 안동의 하회마을과 함께 경주의 양동마을이 꼽힌다. 두 곳 모두 유네스코 세계문화유산으로 지정되어 있다. 하회마을에는 풍산류씨가, 양동마을에는 월성손씨와 여강이씨가 지금까지도 세거하고 있다. 또한 두 곳에는 모두 이름난 명현을 모신 서원書院이 있다. 안동에 퇴계 이황李滉을 모신 도산서원이 있듯이, 경주에는 회재 이언적李彦迪(1491~1553)을 모신 옥산서원이 있다. 선비 문화의 산실인 누정도 그렇다. 안동에도 이름난 누정이 여럿 있지만 건축적 측면에서 경주의 독락당 계정을 따라가기 어렵다.

조선의 선비 문화와 관련된 경주의 여러 문화유산들은 모두 회재 이언적과 연결되어 있다. 양동마을은 여강이씨인 이언적이 태어나 자란 곳이고, 옥산서원은 이언적을 모신 서원이며, 독락당과 계정은 그가 낙향하여 지은 집이다. 이언적이 누

구인가. 퇴계 이황이 스승처럼 모신 인물이자, 김굉필 · 정여창 · 조광조 · 이황과 함께 동방오현東方五賢으로 불리던 인물이 아닌가.

일반적으로 '독락당 계정'으로 불리지만, '독락당獨樂堂'과 '계정溪亭'은 엄연히 다른 건물이다. 계정은 사랑채인 독락당 옆에 자리한 별도의 정자를 말한다. 독락당과 계정은 1531년(중종 26) 김안국 일파의 탄핵을 받아 낙향한 이언적이 그 이듬해에 지은 건물이다. 이언적은 본가인 양동마을 대신 옥산에 독락당과 계정을 짓고는 자연을 벗 삼아 7년을 지냈다. 이후 1537년에 복직되어 의정부좌찬성에 이르렀으나, 1547년 양재역 벽서 사건에 무고하게 연루되어 강계로 유배되었다가 거기서 생을 마감하였다.

독락당 일대는 담장에 의해 여러 구역으로 나누어진다. 외삼문인 솟을대문으로 들어서면 우측에 하인들이 거처하던 공수간이 있고, 그 너머에 사랑채인 독락당이 있다. 독락당 좌측에는 안채가 있고, 독락당을 지나 우측 계류 쪽으로 향하면 그 끝에 계정이 자리하고 있다. 계정으로 가려면 마치 미로에서 길을 찾는 느낌이 든다. 이렇듯 독락당 일대의 건물들은 복잡한 구조를 가지고 있지만 건축적으로는 찬사가 끊이지 않는 명소이다.

일대의 여러 건물 가운데 역시 중심이 되는 것은 독락당과 계정이다. 보물로 지

정되어 있는 독락당은 정면 4칸 측면 2칸의 팔작지붕이다. 앞에서 보면 좌측 1칸은 방이고, 우측 3칸은 마루인 구조이다. 마루 처마에 '옥산정사玉山精舍'라 쓰인 편액이 걸려 있으며, 안쪽에 '독락당'이라고 쓰인 편액과 함께 여러 현판이 있다. '옥산정사'는 퇴계 이황, '독락당'은 이산해李山海의 글씨이다.

독락당을 거쳐 일각문을 지나면 또 다른 독립 공간인 '계정' 구역이 나온다. 얼핏 보기에는 평범해 보이지만 어디서도 볼 수 없는 자연과 어우러진 빼어난 건축 구조를 자랑한다. 계정은 정면 3칸 측면 1칸 건물에 2칸 건물이 붙어있는 'ㄱ' 모습의 구조이며, 지붕은 단아한 맞배지붕이다. 마당에서 보면 좌측의 3칸은 방이고, 우측 2칸은 마루이다.

방 3칸 중앙의 처마에는 '양진암養眞庵', 마루 안쪽에는 '인지헌仁智軒'이라 쓰인 편액이 걸려 있다. '양진암'은 퇴계 이황, '인지헌'은 석봉 한호의 글씨이다. '양진'이라는 이름은 이언적이 지근거리에 있던 정혜사의 스님과 교류하는 과정에서 당호로 삼은 것이며, '인지'라는 이름은 《논어》의 '인자요산仁者樂山' '지자요수智者樂水'라는 문구에서 앞 글자를 취한 것이다. 마루에는 한호가 쓴 '계정溪亭' 편액을 비롯한 여러 현판들이 걸려 있다.

계정의 건축적 진가는 자계천 건너에서 봐야 알 수 있다. 계정은 자연을 가장 잘 즐길 수 있는 자리에 심혈을 기울여 건축되었다. 계정은 물가의 자연석 암반 위에 지면 높이만큼 쌓은 돌 기단 위에 지어졌다. 개울 건너에서 보면 마치 그 모습이 벼랑에 매달린 것 같다. 이곳에서 보면 정면 3칸 중에 좌측 2칸은 마루이고 우측 1칸은 방이다. 1칸의 방에도 개울 쪽으로 문을 달아 방문을 열면 방에서도 마루에서처럼 자연을 온전히 즐길 수 있다. 방에 불을 땔 때는 아궁이는 특이하게도 계곡 쪽에

있다. 조망을 위해 정면 3칸은 모두 냇가 쪽으로 툇마루를 놓고 계자 난간을 둘렀다. 마치 툇마루와 계자 난간이 허공에 떠 있는 모습이다. 냇가 쪽으로 향한 툇마루를 지탱하기 위해 그 아래에 높이가 다른 기둥을 세웠다. 또한 계정에서 바로 냇가로 내려갈 수 있도록 측면 양쪽에도 문을 내었다. 이처럼 계정에는 어디 하나 허투루 만든 데가 없다.

이언적은 계정 주위의 바위 5곳에 이름을 붙이기도 하였다. 계정 바로 아래 넓은 반석은 '관어대觀魚臺', 개울 건너의 반석은 '영귀대詠歸臺', 영귀대에서 상류 쪽으로 올라가면서 '탁영대濯纓臺' '징심대澄心臺' '세심대洗心臺'라는 이름을 붙였다. 자연 그대로의 바위 5개를 5대五臺로 삼아, 이를 즐기며 자연과 교감한 것이다. 그중 세심대 근처에 후일 옥산서원이 세워졌다. 이언적은 이곳에서 자연을 노래한 여러 시문을 남겼는데, 다음은 1535년(중종 30)에 그가 지은 〈임거십오영林居十五詠〉 가운데 '계정溪亭'이라는 시이다.

喜聞幽鳥傍林啼	숲속에선 지저귀는 산새 소리 들려오고
新構茅簷壓小溪	새로 지은 초가 정자 작은 시내 굽어보네.
獨酌只邀明月伴	홀로 술을 마시면서 밝은 달 벗을 삼고
一間聊共白雲棲	한 칸 집에 흰 구름과 서로 함께 머무르네.

지금도 계정 주변에는 깨끗한 계곡물이 흐르고 산새들의 지저귀는 소리에 귀가 간지럽다. 예전 이언적이 거닐며 자연을 즐기던 냇가는 여름이면 피서인파로 인산인해를 이룬다. 또한 그가 자주 왕래하던 정혜사는 없어지고 터만 남아 있지만 국보로 지정된 정혜사지13층석탑이 여전히 우리를 반겨 준다. 독락정과 계정에서 회재 이언적의 삶을 반추해보고, 그를 모신 옥산서원까지 걷다 보면 자연스레 스스로 정화된 나 자신이 느껴진다.

永川 玉磵亭

영천 **옥간정**

형은 나발 아우는 피리

　우리나라에서 밤하늘이 가장 아름다운 경북 영천은 보현산 천문대가 있는 곳
이다. 보현산에서 시작된 물이 굽이굽이 흐르는 횡계계곡에 영천 옥간정이 자리하
고 있다. 중국의 무이구곡武夷九曲에 비견대는 아름다운 횡계구곡橫溪九曲의 네 번째
해당되는 곳이다. 물이 얼마나 깨끗한지 정자 이름이 '옥같이 빛나는 시냇가 정자'
라는 의미의 '옥간정玉磵亭'이다.

　옥간정은 조선 후기 재야에서 이름난 정만양鄭萬陽(1664~1730)과 정규양鄭葵陽
(1667~1732) 형제가 후학을 양성하기 위해 지은 정자이다. 두 형제는 부귀양명을 바
라지 않고 재야에서 후학들을 양성하는 것에 전념했던 우애 있고 학문도 출중한 선
비였다.

　조선 중기 이후로는 중앙 정계에 진출하지 않고 재야에서 학문에만 전념하는
선비들이 많았다. 남명 조식曺植이 대표적이다. 정만양과 정규양도 그랬다. 두 형제
는 당대의 저명한 학자 이현일李玄逸의 문인으로 그의 아들 이재李栽와도 오랜 교분
을 쌓으며 영남의 대표적인 학자로 성장하였다. 두 사람이 집필한 글은 《곤지록困

❶ 옥간정
❷ 모고헌
❸ 풍뢰당과 옥간정

知錄》을 비롯하여 100여 권에 이른다.

　이들의 우애는 남달랐다. 당시 사람들은 이들을 중국의 정호程顥·정이程頤 형제에 비유했다. 두 사람의 호만 봐도 얼마나 우애가 깊은지 알 수 있다. 정만양의 호는 훈수塤叟, 동생 정규양의 호는 지수篪叟였다. '훈塤'과 '지篪'는 전통 악기인 '나발'과 '피리'를 의미한다. 형은 나발을 불고 동생은 피리를 불어 서로 조화를 이룬다는 뜻이다. 이러한 우애 속에서 두 사람은 함께 〈훈지악보塤篪樂譜〉를 짓기도 했다.

누정 산책

옥간정이 건축된 것은 1716년(숙종 42)이었다. 하지만 두 형제는 그 이전인 1701년(숙종 27)부터 횡계로 옮겨와 태고와太古窩라는 집을 짓고 후학들을 가르치고 있었다. 태고와는 나중에 개축하면서 모고헌慕古軒으로 이름이 바뀌었다. 두 형제의 소문이 퍼지자 많은 유생들이 찾아왔다. 모고헌에서 이들을 다 수용하지 못할 정도였다. 그래서 지은 것이 옥간정이었다. 두 형제에 의해 많은 인물이 배출되었다. 영의정 조현명趙顯命이나 형조참의 정중기鄭重器 같은 명현들이다.

일각문을 들어서면 우측에 옥간정, 좌측에 풍뢰당豊雷堂이 있다. 옥간정은 다른 건물과 달리 특이한 구조이다. 두 건물이 하나로 붙어있는 모습이다. 계곡 쪽 앞면은 2층 다락집이고, 후면은 단층 온돌방으로 전체적으로 'ㄱ'자 형태이다. 2층 다락집은 정면 3칸 측면 2칸의 마루에 좌측 1칸에 방을 드린 형태이다. 마루에는 아래에 있는 계곡을 바라보기 좋게 계자 난간을 둘렀다.

옥간정이 자리한 곳은 횡계구곡 가운데 네 번째 계곡이다. 바로 선녀가 내려와 목욕할 것 같은 영과담盈科潭이 있는 곳이다. 옥간정 주위 풍광이 아름다워 이를 노래한 시들이 많다. 동생 정규양은 〈계장사십영溪莊四十詠〉을 지었고, 정만양과 교유했던 손명래孫命來는 옥간정의 '봄여름가을겨울, 아침과 해질 무렵, 낮과 밤, 비와 눈이 올 때'를 노래한 〈옥간정심경운玉澗亭十景韻〉을 남겼다. 다음은 두 형제의 시 '횡계구곡' 가운데 옥간정이 자리한 곳을 노래한 부분이다.

四曲光風霽月巖　　네 번째 굽이는 광풍대 제월대 바위이고

巖邊花木影毿毿　　바위 주변에 꽃과 나무 그림자 드리웠네.

欲知君子成章事　　군자가 문장을 이루는 이치를 알려면

看取盈科此一潭　　이 못에 물이 채워짐을 보아야 하리오.

고운 최치원이 하늘로 올라간

합천 **농산정**

陜川 籠山亭

우리나라에서 아름답기로 손꼽히는 4대 계곡의 하나인 가야산 홍류동 계곡은 유네스코 세계문화유산과 세계기록유산을 보유하고 있는 해인사가 있는 곳이다. 사시사철 아름다운 홍류동 계곡의 소나무 숲 사이로 암반 위에 숨어 있듯 자리하고 있는 것이 경남 합천의 농산정籠山亭이다. 농산정의 주인은 바로 통일 신라 시대의 대학자 최치원崔致遠(857~?)이다.

최치원의 호 고운孤雲과 해운海雲이 말해 주듯 그는 구름 같은 삶을 살다 갔다. 당나라의 과거에 급제하고 〈토황소격문討黃巢檄文〉을 통해 세상에 이름을 떨친 인물이었지만, 골품제라는 신분의 굴레에 갇혀 자신의 포부를 끝내 다 펼치지 못했다. 조선의 매월당 김시습金時習과 마찬가지로 '외로운 구름'이 되어 전국을 떠돌다 마지막으로 머물렀던 곳이 바로 홍류동 계곡의 농산정이다.

그는 농산정에서 마지막까지 신비스러운 삶을 살다 갔다. 잘 알려진 인물이라고는 하지만 정작 그가 언제 어떻게 죽었는지 불분명하다. 그가 이 세상의 모든 티끌을 다 털어내고 울창한 숲과 옥빛의 물줄기가 흐르는 선경을 즐기다 홀연히 신선

이 되어 하늘로 올라갔다는 전설 같은 이야기까지 전한다.

'농산정'이란 이름은 최치원의 '제가야산독서당題伽倻山讀書堂'이라는 시의 한 구절에서 따온 것이다. 최치원이 머물던 정자의 원래 이름은 '독서당'이었다. 독서당이 언제 지어졌는지는 알 수 없지만, 후대에 중수하면서 최치원의 시구를 따서 '농산정'으로 부르기 시작했다. '제가야산독서당'에는 홍류동 계곡에서 마지막 삶을 살다 간 최치원의 모습이 잘 담겨 있다.

狂奔疊石吼重巒	첩첩 바위에 세차게 부딪치며 겹겹 봉우리 울리니
人語難分咫尺間	지척에서 하는 소리 알아듣기 어려워라.
常恐是非聲到耳	속세의 시비 소리 귀에 들릴까 염려하여
故敎流水盡籠山	일부러 흐르는 물로 산을 둘러싸게 하였다네.

독서당, 아니 농산정이 들어선 자리는 커다란 바위들 사이로 거센 물줄기가 휘돌아 가는 곳이다. 계곡 건너 지나가는 차 소리도 들리는 듯 마는 듯하다. 이 시를 보면 연산군 때 김계행이 낙향하여 말년을 보낸 안동 만휴정晩休亭의 정경이 떠오른

다. 〈만휴정중수기〉에서 "송암폭포가 있는 만휴정에서 더러운 말을 들었던 귀를 씻으려고 한 것이다"라고 하였다. 고운 최치원 또한 계곡의 물줄기가 감싸는 곳에 집을 짓고 그곳에서 세속의 터럭까지 씻어내려 했던 것이다.

현재의 농산정은 1922년 해체하여 복원한 것을 1936년에 다시 보수한 것이다. 정면 2칸 측면 2칸의 팔작지붕이다. 네 면의 처마 아래 '농산정'이라 쓰인 편액이, 누각 안에는 '제가야산독서당'을 비롯한 여러 기문과 시판이 걸려 있다. 다른 누정에 걸린 시판과 달리 최치원을 제외하고는 알려진 인물이 별로 없다. 이 가운데 농산정의 의미를 잘 묘사한 노상동盧相東의 시를 음미해본다.

翼然亭子在靑巒　　나는 듯한 정자 푸른 산에 있고
風月烟霞水石間　　풍월과 연무는 계곡 사이에 있네.
指點先生仙化處　　이곳은 선생께서 신선되신 곳
天空地闊但雲山　　천지는 드넓고 산은 구름 같구나.

정자 옆에는 '고운최선생둔세지孤雲崔先生遯世地'라고 쓴 비석이 있고, 그 아래 암반에 최치원의 시가 새겨져 있다. 오래되어 잘 보이지는 않는다. 홍류동 계곡 입구에 있는 농산정에서 해인사까지는 10리 길이 안 된다. 농산정 옆으로 가야산 소리길이 나있다. 정말 걷기 좋은 길이다.

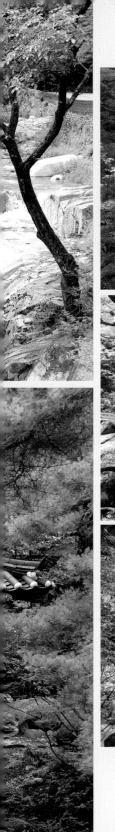

　　선비 문화의 산실인 경남 함양에는 내로라하는 누정들이 많다. 그 가운데 대표적인 곳이 화림동 계곡의 누정이다. 화림동 계곡에는 상류부터 거연정 - 군자정 - 동호정 - 농월정과 같은 여러 누정들이 6km에 걸쳐 자리한다. 읍내에서 화림동 계곡을 가다보면 처음으로 마주하는 곳이 농월정弄月亭이다.

　　농월정은 선조 때 문과에 급제하고 인조 때 도승지를 지낸 지족당 박명부朴明榑(1571~1639)가 지은 정자이다. 처음에 건축한 농월정은 2003년 화재로 전소되었고, 지금은 새로운 누정이 그 자리를 대신 지키고 있다. 예스러움은 덜하지만 너럭바위 위에 자리한 농월정은 주위 풍광과 어우러져 탄성을 자아내게 한다.

　　봄날 읍내에서 농월정을 가는 길은 하얀 벚나무가 오래도록 터널을 이룬다. 벚꽃이 만개할 때도 좋고, 질 때도 좋다. 바람 좋은 날 꽃비를 맞으며 세상 시름 내려놓고 걷다 보면 우측으로 화림동 계류 건너에 자연과 어우러진 농월정이 눈에 들어온다. 신발 벗고, 바지 걷어 올리고 냇물을 건너보려 하지만 어림도 없다. 거센 물줄기가 하얀 암반 사이로 흐르며 깊은 웅덩이를 만들고 몸을 가누지 못하도록 세차게 흔들어 댄다. 결국 농월정으로 가려면 새로 놓인 농월교를 지날 수밖에 없다.

'농월정'은 말 그대로 '달을 희롱하는', 아니 '달을 마음먹은 대로 다루는 정자'라는 의미이다. 우리 선조들은 유난히 달을 좋아했다. 그래서 달을 비유한 시문을 많이 지었다. 달뜰 때까지 기다릴 여유는 없지만 그 느낌이 전해온다. 농월정 앞에는 거센 물살로 잘 다듬어진 너럭바위와 둥그렇게 파인 크고 작은 웅덩이가 여기저기 널려 있다. 어두운 밤 막걸리 한잔 마시며 농월정에서 바라봐도 좋고, 물가로 나와 너럭바위에 주저앉아 바라봐도 좋을 것 같다. 계곡의 흐르는 물소리를 음악 삼아 웅덩이에 비친 달의 모습을 보며 계수나무를 떠올리는 사람도 있을 것이고, 달밤에 연인과 만나던 모습을 떠올릴 수도 있다. 정말 이름을 잘 지었다.

농월정은 그런 곳이다. 얼마나 좋은지 배고파도 배고픈 줄 모르고, 사람들에게 세상 시름을 치유하며 마음의 평안을 주는 곳이다. 농월정 주인 박명부도 다음과 같은 시를 지었다.

路傍誰識別區幽	길 옆 별천지 같은 그윽한 곳을 누가 알리
山若盤回水若留	산은 빙 둘러 있고 물은 머무는 듯하구나.
映砌池塘澄更滿	섬돌에 비친 못의 물은 맑고 가득차고
搏窓嵐翠捲還浮	창에 찾아든 푸른 기운은 걷히다가 다시 퍼지네.
兒飢不慍饘糊口	배고픈 아이 죽을 먹여도 투정하지 않고
客至寧嫌屋打頭	손님은 집에 머리를 부딪쳐도 싫어하지 않으리.
莫道散人無事業	노는 사람들 일 없다고 말하지 말게나
晩專邱壑亦風流	늙어서 마음대로 산수 즐기니 이 또한 풍류일세.

누정 산책

　　오랜 세월 동안 농월정을 찾았던 시인과 묵객들은 단순히 종이나 천에 시를 쓰는 것에 만족하지 못했다. 그들은 이곳의 감흥에 취해 농월정 주위의 암반 여기저기에 자신의 발자취를 남겨 놓았다. 누정 앞 암반에 새겨진 '지족당장구지소知足堂杖屨之所(지족당 박명부가 지팡이와 신발을 끌던 곳, 산책하던 곳)'이라는 글귀가 지금도 선명히 남아 있다. 이곳저곳에 새겨진 글귀를 찾는 재미가 소풍 가서 보물찾기 하듯 쏠쏠하다. 예전의 농월정 대신 새로운 농월정이 들어섰지만 옛 선비들이 느꼈던 풍취는 수려한 자연 경관과 함께 여전히 너럭바위 여기저기에 남아 있다.

　　현재의 농월정은 예전 농월정과 같이 자연석 암반 위에 2층 누각의 형태로 정면 3칸 측면 2칸의 팔작지붕으로 지었다. 중앙에 자그마한 방이 있고, 사방에 마루가 놓인 구조이다. 마루 끝에는 계자 난간을 둘렀다. 농월정이란 현판과 기둥에 주련만 걸려 있고 다른 현판은 하나도 없어 예전의 농월정이 그리워진다. 주위 경관이 아름다워 정자에서 보든, 멀리서 정자를 보든 모두 빼어나다.

우리나라 최고의 명산 지리산은 경남·전남·전북에 걸쳐 있는 산이다. 이 세 지역이 한곳에 모여지는 지점이 바로 지리산 삼도봉三道峰이다. 경상남도 하동군 화개면, 전라남도 구례군 산동면, 전라북도 남원시 산내면에 걸쳐 있어 삼도봉이라 부른다. 퇴수정退修亭은 산내면 매동마을 인근에 위치하고 있다. 매동마을은 지리산 둘레길이 시작되는 곳이다. 퇴수정은 매동마을에서 200m 남짓 거리의 냇가에 고즈넉하게 자리 잡고 있다. 야트막한 산자락과 암벽을 뒤로 걸친 채 앞으로 맑고 맑은 계곡물이 흐르고 저 멀리 봄이면 철쭉으로 유명한 바래봉을 바라보고 있다.

퇴수정은 1870년(고종 7) 선공감 가감역假監役을 지내고 가선대부 공조참판에 증직된 박치기朴致箕(1825~1906)가 여생을 즐기려고 지은 정자이다. 박치기는 고관대작은 아니지만 은퇴 후 지방에 은거하며 후학을 양성하던 선비였다. 퇴수정이 있는 매동마을은 대구서씨가 처음에 자리를 잡았고, 이어 김해김씨와 밀양박씨가 차례로 자리를 잡으면서 큰 마을이 된 곳이다. '퇴수정'은 말 그대로 '나이 들어 은퇴하여 자연 속에서 심신을 닦는 정자'라는 의미이다. 퇴수정이 들어선 자리를 보면 정자의 이름과 잘 어울린다.

퇴수정은 소박하고 단아한 정자이다. 정면 3칸 측면 2칸의 팔작지붕으로 2층 누각의 형태이다. 1층은 기단 위에 사각의 주춧돌을 놓고 기둥을 세웠다. 기둥은 누각처럼 높지 않지만 2층으로 올라가는 7단의 돌계단을 만들었다. 2층은 중앙에 1칸의 방을 드리고 나머지는 마루로 만든 구조이다. 사방으로 계자 난간을 둘러 조망을 좋게 하였다. 정자에는 '퇴수정' 편액과 〈퇴수정기〉〈퇴수정상량문〉과 같은 현판이 걸려 있다. 2층 기둥에 걸린 주련株聯은 퇴수정의 모습을 잘 묘사하고 있다.

塵外孤臺晩托蹤	어지러운 세상 떠나 누대에 늙은 몸 의탁하니
淸流九曲嶽千重	맑은 물은 굽이쳐 흐르고 산은 천 겹일세.
蒼松隔水冷冷韻	푸른 소나무 드리워져 물소리 청아하고
白石和雲澹澹容	하얀 바위 구름과 어우러져 담박한 모습이네.
忘世許同群鶴鹿	세상 시름 잊으려 학과 사슴 벗 삼아
存身愧比蟄虯龍	이 몸 보존하니 칩거한 규룡에 부끄럽구나.
靜觀認是仙人過	가만히 돌아보니 이곳은 신선이 지나는 곳
林壑依然道氣濃	숲과 골짜기에는 의연한 기상 짙도다.

2층에서 바라보는 냇가의 풍광이 보기 좋다. 맑고 맑은 지리산 계곡물이 흐르는 사이로 삐죽이 암반이 노출되어 있다. 개울 건너 울창한 숲은 청량한 느낌을 준다. 누가 썼는지 바위에 새긴 '야박담夜泊潭'이란 글자도 예사롭지 않다. 야박담은 당나라 시인 장계張繼의 '풍교야박楓橋夜泊'에서 따온 이름이다.

月落烏啼霜滿天	달은 지고 까마귀 울고 서리는 하늘에 가득한데
江楓漁火對愁眠	강가의 단풍과 고깃배 불빛에 잠을 설치네.

姑蘇城外寒山寺   고소성 밖 한산사에서

夜半鐘聲到客船   한밤의 종소리 나그네 뱃전에 와 닿누나.

'풍교야박'의 시구처럼 늦가을 새벽에 이 바위에 배를 걸어 두고 잠을 자다보면 개울 건너 남원 실상사實相寺의 종소리가 들릴 것만 같다. 퇴수정 왼쪽에는 박치기의 후손들이 1922년에 세운 관선재觀仙齋가 있다. 관선재는 사당이자 독서하는 공간이다.

상전벽해가 느껴지는

나주 **쌍계정**

호남 지역에 3대 명촌名村이 있다. 전남 영암의 구림마을, 전북 정읍의 신태인마을, 그리고 전남 나주의 금안마을이다. 일반적으로 유명한 마을은 풍수지리의 좋은 입지 조건을 가지고 오래도록 훌륭한 인물을 배출한 경우가 많다. 금안마을도 마찬가지다. 고려 시대의 정가신鄭可臣, 조선 초기의 신숙주申叔舟와 같은 인물이 이곳 출신이다. 특히 정당문학을 지낸 정가신은 금안마을과 뗄 수 없는 사람이다. 현재의 지명인 '금안金鞍'도 그가 원에 사신으로 갔다가 황제에게 금으로 만든 말안장을 하사 받았다 하여 붙여진 이름이다.

나주 금안마을의 쌍계정雙溪亭은 정가신(1224~1298)이 1280년(충렬왕 6)에 세운 정자이다. 당시 쌍계정은 정가신·김주정金周鼎·윤보尹珤가 모여 학문을 연마하던 곳이다. 당시에는 삼현당三賢堂이라 불렀다. 조선 건국 이후에도 신숙주와 신말주申末舟·정서鄭鋤·김건金鍵·홍천경洪千璟 등 당대의 대표적인 학자들이 이곳에서 학문을 토론하고 공동의 규약을 정하며 미풍양속을 실현하였다.

오래도록 이러한 전통이 이어져 정가신의 나주정씨, 정서의 하동정씨, 김건의

서흥김씨, 홍천경의 풍산홍씨 등 4개 성씨가 대동계를 해왔다. 금안마을의 동계 관련 소장 문서도 51점이나 남아 있다. 근래에는 네 문중에서 쌍계정을 공동 관리하며, 1957년 '사성 강당四姓講堂'이라는 현판을 걸었다. 이처럼 오래도록 여러 성씨의 문중에서 공동으로 운영하며 미풍양속을 이어가는 누정은 거의 없다.

'쌍계정雙溪亭'은 금성산에서 내려온 계곡물이 정자 양쪽으로 흐르기 때문에 지어진 이름이다. 하지만 오랜 세월이 지나면서 지형이 바뀌었다. 지금 쌍계정에 가 보면 그런 느낌을 가질 수 없다. 오히려 400년이 넘는 오래된 두 그루 나무가 정자를 앞뒤에서 호위하고 있다. 쌍계정이 아니라 '쌍수정雙樹亭'이라 불러야 할 것 같다. 상전벽해가 느껴진다.

쌍계정은 정면 3칸 측면 2칸의 맞배지붕으로 풍판을 달았다. 대부분의 누정이

팔작지붕이어서 지붕 모습이 이채롭다. 정면 3칸 측면 2칸이지만 칸 사이가 넓어 정자의 규모가 작지 않다. 기단 위에 자연석 초석을 놓고 기둥을 세웠고, 사방이 트여있는 전체가 마루인 구조이다. 정자에는 석봉 한호韓濩가 쓴 쌍계정 편액 2개와 여러 기문 및 시판이 걸려 있다. 특히 눈에 띄는 것은 1982년 네 가문이 정자를 중수하면서 그 비용 등을 기록한 현판이다. 오래도록 네 성씨가 서로 화합하며 오랜 전통을 이어 갔으면 하는 바람이다.

3 강 호수 해안의 누정

'솔향 강릉'에는 관광자원도 문화유산도 참 많다. 강릉시가 소개하는 역사 유적을 보니 알 만한 곳이 줄줄이 열거되어 있다. 오죽헌·경포대·선교장·임영관 삼문·굴산사지 …… 그런데 강릉에서 오죽헌 다음으로 오래된 건물인 '해운정海雲亭'은 아예 빠져 있다. 보물로 지정된 해운정으로서는 서운할 법도 하다.

해운정은 선교장에서 경포호를 가다보면 중간 거리쯤에 있다. 경포호가 멀리 바라보이는 지점이다. 해운정은 주변에 강릉을 대표하는 음식 '초당순두부'를 파는 전통 가옥들과 섞여 있다 보니 문화재인지 음식점인지 잘 모를 정도이다. 그리고 해운정에 관해 잘못 알려진 사실도 있다.

해운정은 1530년(중종 25) 어촌 심언광沈彦光(1487~1540)이 강원도관찰사로 있을 때 지었다고 한다. 이 설명은 일부는 맞고 일부는 틀리다. 《중종실록》을 보면 심언광이 강원도관찰사로 재임했던 기간은 1531년(중종 26) 8월에서 이듬해 1월까지였다. 따라서 해운정은 1530년이 아니라 1531년 지어졌다고 봐야할 것이다.

강릉에서 멀지 않은 동해에도 심언광과 관련된 누정이 있다. '해암정海巖亭'이다. 해암정은 삼척심씨의 시조인 심동로沈東老가 1361년(공민왕 10) 창건한 후 강원도 체찰사 심언광이 1530년(중종 25) 중건하였다고 한다. 심언광은 심동로의 7세손이다. 하지만 해암정도 해운정과 마찬가지로 1531년 심언광이 강원도관찰사로 재임 중에 중건하였다고 보는 것이 맞을 것이다.

해운정은 정면 3칸 측면 2칸의 팔작지붕이다. 막돌로 쌓은 3단의 기단 위에 건축한 해운정은 아래에서 보면 2층 누각처럼 높다. 중앙에 계단이 있고, 계단 양쪽에 정원수를 심었다. 해운정은 입구 중앙의 솟을대문에 이어진 'ㅁ' 형태의 담장으로 둘러싸여 있고, 담장 너머 외로운 소나무 한 그루가 풍취를 더해준다. 단청을 하지 않아 오히려 고풍스러움을 그대로 간직하고 있다.

솟을대문 쪽에서 보면 좌측에 정면 1칸 측면 2칸의 온돌방을 놓고, 정면 2칸 측면 2칸의 대청마루가 놓여 있는 구조이다. 대청마루에는 띠살문의 분합문을 달아 전부 개방할 수 있도록 했다. 그 위에는 빛이 들어오도록 교창交窓을 만들었다. 온돌방은 중간에 미닫이문을 달았고, 건물 외부로는 쪽마루를 둘렀다.

건물 중앙 처마 아래 걸려 있는 '해운정' 편액은 우암 송시열宋時烈의 글씨인데, 동해의 '해암정' 편액도 우암의 글씨여서 이채롭다. 누정 안에는 강릉 오죽헌이 외가였던 율곡 이이李珥 등 유명 인사의 기문과 시판들이 셀 수 없을 정도로 많이 걸려 있다.

현판 가운데 특이한 것은 명의 사신들이 해운정의 주인 심언광에게 써준 글이다. 1537년(중종 32) 조선에 온 명나라 사신들은 경복궁 경회루를 비롯한 여러 누정의 제액을 남겼다. 그때 정사 공용경龔用卿이 '경호어촌鏡湖漁村', 부사 오희맹吳希孟이 '해운소정海雲小亭'이라는 글을 심언광에게 선물했다. 이것이 다른 시판과 함께 안에 걸려 있다. 여행객들이 인근의 경포대나 전통가옥 선교장에는 많이 가지만 보물로 지정된 해운정을 찾는 경우는 별로 없다. 해운정 안에서 창틀과 교창을 통해 들어오는 빛을 호젓하게 감상하는 것도 좋겠다.

강원도 동해시 북평동의 파도가 철썩거리는 바닷가에 해암정海巖亭이 있다. 오늘날 동해에서 가장 유명한 명소인 추암秋岩, 곧 촛대바위가 있는 곳이다. 조선 초기 재상 한명회韓明澮가 추암이란 이름 대신 능파대凌波臺로 고쳐 부른 이후 많은 선비들은 추암을 능파대로 불렀다. 그리고 많은 시문을 남겼다. 고려 공민왕 때 지은 해암정과 추암은 오래도록 삼척에 속하다가 1980년 삼척읍 북평동이 동해시로 통합되면서 관할이 바뀌었다. 《신증동국여지승람》에도 해암정과 추암은 삼척도호부 관할이었다.

동해시청 홈페이지에 해암정을 소개하는 부분이 있다. 지금까지 문화재청을 비롯한 여러 지자체의 문화재에 대한 소개를 읽어봤지만 이처럼 잘 설명한 곳은 없었다. 길지만 오탈자만 바로잡고 거의 그대로 전재한다.

바다와 바위가 만나 기묘한 아름다움을 만들어내고, 그 아름다움에 흠뻑 취하도록 즐거운 정서를 내어주는 건축물, 추암을 밟고 선 정자, 해암정이다. 동해시 북평동 해안에 세워진 이 정자는 주위의 기암괴석군과 바다가 어우러져 뛰어난 풍광을 이루고 있다. 해암정은 고려 공민왕 10년 (1361), 심동로가 창건하였던 것이 소실되고, 조선 중종 25년(1530) 7대손 심언광이 강원도체찰사가 되어 중건하였고, 정조 18년(1794) 다시 한번 중수한 것이 오늘에 이른 것이다.

삼척심씨의 시조인 심동로는 어린 시절부터 뛰어난 글 솜씨와 학문을 자랑했다. 관직에 나아가서는 고려 말의 혼란한 국정을 바로잡으려 애썼으나 간신배들의 흉포한 행위에 낙심하여 낙향을 결심하였다. 공민왕이 그를 붙잡았으나 결국 '노인이 동쪽으로 간다'는 뜻의 '동로東老'라는 이름을 지어주고 낙향을 허락한다. 이때 심동로가 동해로 내려와 후학을 이끌고 정진하며 지은 정자가 해암정이다.

심언광이 중건한 정자는 나지막한 석축기단 위에 정면 3칸 측면 2칸 규모에 팔작지붕이다. 정면을 제외한 3면은 모두 판문을 달았다. 전면부는 '들어열개문'을 달아 완전히 개방할 수 있게 하였다. 송시열이 함경도 덕원으로 유배되어 가던 중 해암정에 들러 '초합운심경전사草合雲深逕轉斜 (풀은 구름과 어우르고 좁은 길은 비스듬히 돌아든다)'라고 하여 장소의 아름다움과 지나가는 길목에서 아쉬움을 담은 글을 남겼다. 이곳은 촛대바위의 엄숙한 기상과 동해의 장엄한 일출을 만나는 곳이기도 하다.

동해시의 설명 가운데 "조선 중종 25년(1530) 7대손 심언광이 강원도체찰사가 되어 중건하였"다는 부분은 잘못된 서술이다. 《중종실록》을 보면 심언광이 강원도관찰사로 재임했던 기간은 1531년(중종 26) 8월에서 이듬해 1월까지였다. 해암정은 이 기간에 중건하였다고 보는 것이 옳을 것이다.

뾰족뾰족한 바위가 병풍으로 둘러친 해암정은 바다를 등지고 있다. 해암정 정면에는 세 개의 편액이 걸려 있다. 중앙의 해서체로 쓴 '해암정'은 우암 송시열宋時烈이, 좌측 전서체로 쓴 '해암정'은 정자의 주인공인 심동로의 18대손 심지황沈之滉이, 우측 해서체로 쓴 '석종람石鍾艦'은 송강 정철鄭澈이 썼다고 하는데 확실치는 않다. 강릉의 '해운정' 편액도 송시열이 쓴 것이어서 이채롭다. 정자 안에는 기문과

시판이 벽마다 빽빽이 걸려 있다.

문집에도 촛대바위, 능파대를 노래한 시가 많이 남아 있다. 이 가운데 조선 중기의
대학자 이식李植의 《택당집澤堂集》에 실려 있는 시를 통해 능파대의 모습을 그려본다.

千仞稜層鏤積氷	천 길 뾰족뾰족 층층이 얼음을 쌓아 깎은 듯
雲斤雷斧想登登	작은 구름 도끼 큰 벼락 도끼로 쿵쿵 찍었을까.
散蹄欲駐奔淵驥	내달리다 멈추려던 천리마 깊은 곳으로 치달리니
褰喝警看浴海鵬	바닷물에 몸 씻던 바다 붕새 부리 들고 놀라 바라보네.
順浪高吟思謝傅	잔잔하던 물결 소리 높여 노래하니 사안의 노래 생각나고
觀濤奇筆憶枚乘	큰 파도 바라보매 멋지게 붓 휘두른 매승의 글 떠오르네.
蓬山此去無多路	봉래산이 여기에서 얼마 되지 않건마는
却恐凌波到不能	넘실대는 물결이 두려워 갈 수 없다네.

율곡이 8살 때 시를 지은

파주 **화석정**

坡州 花石亭

분단을 상징하는 판문점이 있는 파주, 이곳의 대표적 인물로는 율곡 이이李珥를 꼽을 수 있다. 파주는 율곡의 고향이자, 그의 어머니 신사임당과 아버지 이원수李元秀가 율곡과 함께 묻혀있는 곳이다. 율곡이란 호도 그가 자란 밤나무골에서 따온 이름이다. 그리고 율곡 이이를 향사하는 자운서원紫雲書院이 있는 곳이기도 하다. 이처럼 파주는 강릉의 오죽헌烏竹軒과 함께 율곡의 숨결이 가장 많이 남아 있는 장소이다. 거기에 파주를 대표하는 누정인 화석정花石亭도 더해진다.

화석정은 남한 땅과 북한 땅을 가로지르며 서해로 흘러가는 임진강가 언덕에 있다. 서울보다 판문점이나 개성이 훨씬 가까운 거리이다. 화석정은 원래 고려 말야은 길재吉再가 살던 터에 율곡 이이의 5대조인 이명신李明晨이 1443년(세종 25) 지은 정자라고 한다. 이명신은 파주 관아에서 북쪽으로 17리 지점인 임진강 남쪽 언덕에 정자를 지었고, 율곡의 증조부 이의석李宜碩이 1478년(성종 9) 중수하였으며, 이숙함李淑瑊이 화석정이라 이름 지었다 한다. 그 후 율곡 이이가 관직에서 물러나서 이곳에서 독서하고 후학을 가르치면서 세인에게 널리 알려졌다.

임진강변 경관 좋은 곳에 세워진 화석정을 노래한 시가 굉장히 많다. 이 가운데 가장 유명한 것은 율곡이 8살 때 지었다는 일명 '팔세부시八世賦詩'이다. 최근 이 시를 정자 곁 큰 바위에 새겨놓았다.

林亭秋已晚	숲속 정자에 가을이 이미 깊어드니
騷客意無窮	시인의 시상이 끝이 없구나.
遠水連天碧	멀리 보이는 물은 하늘에 잇닿아 푸르고
霜楓向日紅	서리 맞은 단풍은 햇볕을 향해 붉구나.
山吐孤輪月	산 위에는 둥근 달이 떠오르고
江含萬里風	강은 만 리에서 불어오는 바람을 머금었네.
塞鴻何處去	변방 기러기는 어느 곳으로 날아가는고
聲斷暮雲中	울고 가는 소리 저녁 구름 속으로 사라지네.

화석정은 조선 시대 대표적인 명소의 하나였다. 1740년(영조 16) 영조는 개성의

누정 산책

제릉齊陵과 후릉厚陵에 참배하러 가다 화석정을 바라보며 "지금 나의 고심은 바로 선정의 마음이다. 저 강가의 정자를 바라보니 나도 모르게 슬픈 마음이 깊어지는구나"라는 글을 남기기도 하였다.

화석정과 임진왜란 때 피난하던 선조와의 일화도 전한다. 칠흑같이 어둡고 비오는 밤, 아무것도 안 보이던 임진나루를 건널 때 화석정에 불을 질러 선조가 무사히 강을 건넜다는 이야기다. 《징비록懲毖錄》을 통해 사실이 아닌 것으로 밝혀졌지만 그럴싸한 스토리다. 《징비록》을 저술했던 서애 류성룡柳成龍은 화석정에 올라 다음과 같은 시를 남겼다.

山形背立本同根　　마주선 산 형세 본래 한 줄기이고
江水分流亦一源　　갈라진 강물도 근원이 같구나.
花石古亭人不見　　화석 옛 정자에 사람은 아니 보이고
夕陽歸去重消魂　　석양에 돌아가는 길 거듭 혼이 사라지네.

예전의 화석정은 임진왜란 때 불타고 1673년(현종 14) 중수한 것도 역시 6·25전쟁 당시 사라졌다. 현재의 화석정은 그 터에 1966년 파주의 유림들이 성금을 모아 지은 것이다. 화석정은 정면 3칸 측면 2칸의 팔작지붕이다. 화석정 편액은 박정희 대통령 친필이다. 정자 안에는 율곡 이이의 시판과 기문이 걸려 있다. 근처에 있는 율곡 이이를 모신 자운서원紫雲書院과 묘소를 함께 들러보는 것도 좋다.

경북 문경과 상주에는 인천채씨와 관련된 누정이 두 곳 있다. 문경의 주암정
舟巖亭과 상주의 쾌재정快哉亭이다. 두 누정의 거리는 16km 정도 밖에 안 된다. 쾌재
정은 조선 초기 문과에 장원급제하고 중종반정으로 공신에 책봉된 나재 채수蔡壽
(1449~1515)가 지었고, 주암정은 채수의 6세손 주암 채익하蔡翊夏(1633~1676)를 추모하
기 위해 지은 정자이다.

전국 방방곡곡에 수없이 많은 누정이 있다. 이름이 똑같은 경우도 있고, 좋은
글귀에서 따와 비슷비슷한 이름도 있다. 누정이 워낙 많다보니 이름이 알쏭달쏭할
때가 적지 않다. 하지만 한번 들으면 잊히지 않는 이름이 있다. 바로 경북 문경의
주암정舟巖亭이다. '주암舟巖', 곧 '배 바위'라는 뜻이다. 배의 형상을 한 바위 위에
지어진 주암정은 누가 봐도 물 위에 떠있는 한 척의 돛단배이다.

사람마다 취향이 다르다. 하지만 답사를 좋아하고, 문화유산을 좋아하는 사람
에게 가장 기억에 남는 서원을 물으면 대개 안동의 '병산서원屛山書院'을 꼽는다. 배
롱나무꽃이 만개한 만대루 너머 하얀 모래밭, 유유히 흐르는 낙동강, 거기에 병풍

처럼 둘러친 병산. 병산서원을 한번 다녀간 사람은 그 기억을 지우기 어렵다. 누정도 마찬가지다. 대부분의 누정이 천혜의 자연 경관을 즐길 수 있는 절묘한 곳에 자리하고 있다. 봉화 청암정靑巖亭 같이 거북바위 위에 지은 경우도 있고, 안동 만휴정晩休亭 같이 폭포 위에 있는 경우도 있다. 주암정도 마찬가지다.

주암정은 문화재로 지정된 오래된 건물이 아니다. 정자의 주인도 널리 알려진 인물이 아니다. 주암정은 1944년 주암 채익하蔡翊夏(1633~1676)를 추모하기 위해 그 후손들이 세운 정자이다. 세상에 알려진 이력이라고는 생원시에 합격한 것이 전부였다. 하지만 주암정은 분명 우리나라의 누정을 말할 때 빼놓을 수 없는 정자이다. 군자의 꽃이라는 연꽃, 그 연꽃이 만개한 연못에 우뚝하게 한 척의 배가 정박해 있다. 배의 아래는 돌이고, 위는 기와집이다. 주암정 주위는 멀리서 봐도 가까이 봐도 천상의 세계와 비슷한 느낌이다. 주암정에 오르면 마치 극락이나 천국에서 배를 타고 아름다운 연꽃 밭을 유람하고 있는 것 같다.

알려진 누정에는 내로라하는 문인들이 지은 시판과 기문이 많이 걸려 있다. 하지만 주암정에는 '주암정'이라 쓰인 편액과 후손 채홍탁蔡鴻鐸이 지은 〈주암정기舟巖亭記〉 현판 하나만 있다. 그 대신 기둥 위에는 주련柱聯이 걸려 있다. 그 내용을 보면 주암정에 대한 후손들의 애정과 마음 씀씀이가 잘 느껴진다.

舟巖萬古泛錦川　　주암은 금천 가에 만고토록 떠 있고

絶壁橫松倒立奇　　절벽의 소나무는 넘어질 듯 매달렸네.

顯祖醉月遊賞處　　선조께서 달에 취해 노닐던 자리에

賢孫羹墻築小亭　　어진 후손이 사모하여 작은 정자 지었네.

柳岸棲花媚春輝　　버들 언덕에 깃든 꽃은 봄기운에 어여쁘고

煙霞依然包削壁　　안개 노을은 의연히 깎은 벼랑 안고 있네.

거기에 어느 누정보다 아름다운 글귀가 눈길을 끈다. 주련 아래 자그마한 종이에 적힌 글이다. 사대부 집 종손의 가장 큰 역할은 '봉제사 접빈객奉祭祀 接賓客'이다. 이처럼 손님 접대하는 마음을 또 어디에서 찾을 수 있을까.

주인이 업서도 차한잔 드시고 가세요

주암정은 정면 3칸 측면 1칸 반 정도의 팔작지붕 건물이다. 전면 좌우로 방을 드렸고 중앙에 마루를 놓았다. 마루에는 분합문을 달아 올리면 마루, 내리면 방이 되는 구조이다. 전면과 좌우로 반 칸 정도의 툇마루를 놓고 평난간을 둘렀다. 자연석 위에 지어져 별도의 기단 없이 막돌 위에 낮은 기둥을 세웠다. '주암'의 자연적인 조건을 고려하여 건물을 북서향으로 지었다. 정자의 바로 아래는 연 밭이고, 조금 떨어진 곳에 금천의 물줄기가 내려다보인다.

퇴계 이황의 숨결이 느껴지는

안동 **고산정**

낙동강 상류 도산구곡陶山九曲에 자리한 고산정孤山亭은 선비의 고장 경북 안동을 대표하는 누정이다. 청량산에서 오천烏川 군자리까지 이어지는 도산구곡 가운데 안동댐이 들어서면서 1곡인 운암곡雲巖曲에서 6곡인 천사곡川沙曲까지는 모두 수몰되어 사라졌다. 지금은 7곡인 단사곡丹砂曲과 8곡 고산곡孤山曲, 그리고 9곡인 청량곡淸凉曲만 남아 있다. 고산정은 바로 8곡인 고산곡에 자리한다.

고산정이 들어선 자리는 청량산을 등지고 앞으로는 낙동강을 내려다보는 경관이 빼어난 곳이다. 8곡인 고산곡 물길은 산자락을 두 개의 절벽으로 갈라놓았다. 고산정 강 건너편에 송림이 우거진 고산孤山과 내병대가 있고, 정자 뒤로는 외병대 절벽이 우뚝 서 있다. 고산정이란 이름은 강 건너 고산의 지명에서 따온 것이다. 창건 당시부터 안동의 대표적인 절경으로 알려져 퇴계를 비롯한 많은 선비들이 자주 왕래했다. 〈고산제영孤山題詠〉을 보면 차운한 시가 수백 수에 달할 정도였다. 고산정은 만휴정과 함께 드라마 '미스터 션샤인' 촬영 장소이기도 했다.

고산정은 퇴계 이황의 제자인 성재 금난수琴蘭秀가 1564년(명종 19)에 건립한 정

자이다. 금난수(1530~1604)는 안동 예안면에서 태어나 임진왜란 당시에 의병장으로 활약하였다. 퇴계가 도산서당을 건립할 때 그 전말을 기록한 〈도산서당영건기陶山書堂營建記〉를 지었던 인물이다. 금난수와 퇴계와의 관계는 각별했다. 금난수는 처남인 월천 조목趙穆의 권유로 퇴계의 문하에 들어갔고, 출세를 지향하지 않던 금난수의 처세를 퇴계도 좋아했다. 조목은 퇴계의 수제자로 나중에 퇴계와 함께 도산서원陶山書院에 배향된 인물이다.

청량산을 유난히 좋아했던 퇴계 이황은 청량산 길목에 자리한 고산정을 자주 방문했다. 고산정은 퇴계가 후학들을 가르치던 도산서당에서 걸어갈 만한 거리였다. 퇴계는 고산정을 노래한 여러 시를 남겼다. 그 가운데 《퇴계집》의 '서고산석벽書孤山石壁'이라는 시를 소개한다.

日洞主人琴氏子   일동 주인 금씨

隔水呼問今在否   지금 집에 있나 강 건너로 소리쳐 물었더니.

耕夫揮手語不聞	쟁기꾼은 내 말 못 듣고 손만 내저어
悵望雲山獨坐久	구름 걸린 산 하릴없이 바라보며 홀로 앉아 있기 오래.

강폭이 넓어 강 건너편 농부에게 목청 높여 소리지르는 퇴계의 모습이 보이는 듯하다. 농부도 무슨 소리인지 잘 들리지도 않고, 귀찮아하면서 쟁기질에 몰두하는 모습이 그려진다. 지금은 차가 지나다닐 정도의 다리가 놓여 있지만 당시에 고산정으로 건너려면 나룻배를 이용했을 것이다.

고산정은 정면 3칸 측면 2칸의 팔작지붕으로 가운데 마루가 있고 양쪽 좌우에 두 개의 온돌방이 있는 형태이다. 뒷면을 제외한 세 면에 쪽마루와 계자 난간을 둘렀다. 다른 정자와 달리 출입은 난간의 양측 끝에서만 하도록 되어 있다. 정자 앞의 비스듬히 누운 소나무도 멋스럽다. 고산정은 바깥에서 보는 모습도, 안에서 보는 모습도 빼어나다.

고산정에서 바라보는 경관은 예나 지금이나 봄여름가을겨울 사시사철 아름답다. 고산정의 주인 금난수의 《성재집惺齋集》에 '고산정사孤山精舍'라는 시가 실려 있다. 그는 이 시에서 사계절 고산정의 아름다움을 다음과 같이 표현했다.

一歲中間六度歸	한 해 동안 여섯 번이나 왔건만
四時佳興得無違	사시의 아름다운 경치 어김없네.
紅花落盡靑林暗	붉은 꽃 다 떨어지니 녹음 짙어지고
黃葉飄餘白雪飛	누런 잎 떨어지니 흰 눈 날리누나.
砂峽乘風披裌服	모래골짜기에 바람 불어 겹옷 날리고
長潭逢雨荷簑衣	긴 못 가에서 비를 만나 도롱이 입었네.
箇中別有風流在	이런 가운데 풍류도 있으니
醉向寒波弄月輝	취기에 찬 물결 속 달빛 희롱하누나.

安東 棣華亭

안동 **체화정**

형제간의 우애가 깃든

양반 유교 문화의 산실인 경북 안동에는 산 좋고 물 좋은 곳에 있는 정자들이 여럿 있다. 만휴정과 고산정이 대표적이다. 그런데 체화정棣華亭은 다른 정자들과 달리 사람들이 많이 왕래하는 마을 근처의 큰길가에 있다. 1761년(영조 37) 이상진李象辰이 지은 〈체화정기棣華亭記〉를 보면 당시 사람들도 이상하게 생각했던 것 같다.

사실 체화정은 자연 경관을 먼저 고려한 정자가 아니었다. 체화정은 예안이씨인 생원 이민적李敏迪(1702~1763)이 동생 이민정李敏政과 함께 여생을 즐기기 위해 지은 정자였다. 두 사람은 친구나 손님들과 어울려 풍류 즐기는 것을 좋아했다. 〈체화정기〉에도 언급하고 있듯이 정자가 궁벽한 산골이나 강가에 있다면 경치는 좋겠지만 벗들이 자주 방문하기 어려웠을 것이다.

이상정李象靖의 《대산집大山集》에 실려 있는 시를 보면 당시의 광경을 짐작할 수 있다. 이상정은 이민적의 시에 차운한 시를 1760년(영조 36)에 지었다. 이 시에서 '천가침저월선연千家砧杵月嬋娟(집집마다 다듬이 소리에 달빛은 어여뻐라)'라며 체화정의 광경을 묘사했다. 다른 집의 다듬질하는 소리가 다 들릴 정도로 체화정은 마을 인근에 있었던 것을 알 수 있다.

체화정은 두 형제의 우애를 빗댄 이름이다. '체화棣華'는 형제간의 화목과 우애를 뜻하는《시경詩經》'산앵두나무 꽃이여 환히 드러나 밝지 아니한가. 무릇 이제 사람들은 형제만 같지 못하니라常棣之華 鄂不韡韡 凡今之人 莫如兄弟'라는 시구에서 따온 것이다. 두 형제의 사후에는 이민정의 아들 이한오李漢伍가 체화정에서 노모를 극진히 모셔 순조 때 효자로 정려되기도 하였다. 체화정은 다른 정자처럼 절경인 산곡에 위치하거나, 이름이 널리 알려진 인물이 거처했던 곳은 아니지만 가족 간의 깊은 애정과 사랑이 담겨 있는 사람 내음 나는 정자이다.

체화정이 대로변에 있다고는 하지만 경관 또한 수려하다. 체화정 뒤로는 높지도 낮지도 않은 산자락이 병풍같이 둘러 있다. 그 앞으로는 방장산·봉래산·영주산의 삼신산三神山을 상징하는 세 개의 섬이 있는 체화지棣華池가 있다. 마치 체화정이 깊은 산곡과 강가에 있는 느낌이다. 연못에 비친 체화정의 모습도 아름답다.

체화정은 2층 기단 위에 정면 3칸 측면 2칸의 팔작지붕으로 지어진 다락집 형태이다. 가운데 어간은 온돌방이고 좌우 협칸은 마루방이다. 온돌방과 마루방 앞쪽에는 툇마루를 내고 난간을 둘렀다. 온돌방 정면에는 3짝의 창호를 달았는데, 가운데 문짝에는 2개의 띠살 창호를, 그 좌우는 빗살 8각 불발기창을 내었다.

체화정이라는 편액 안쪽에 여러 현판과 함께 단원 김홍도金弘道가 쓴 담락재湛樂齋라는 편액이 걸려 있다. 단원 김홍도가 안동의 안기찰방으로 있으면서 왕래하여 쓴 것이다. 담락재라는 편액 역시《시경》의 '담락음주湛樂飮酒(즐거이 술을 마신다)'라는 구절에서 따온 것이다. 단원 김홍도가 쓴 글씨는 많이 남아 있지 않기 때문에 담락재 편액의 의미 또한 남다르다. 병산서원 근처에 있어 하회마을 - 병산서원 - 체화정을 연계해서 들러볼 만하다. 체화정은 사시사철 경관이 좋지만 특히 배롱나무 꽃이 만개하는 7월 말에서 8월 초 즈음이 가장 아름답다. 마치 두 형제간의 우애를 보여주듯 체화정 양쪽의 배롱나무 두 그루에 꽃이 활짝 피었다.

어머니를 기리는

청송 **방호정**

주왕산의 기괴한 암봉과 깊은 계곡, 영화 '봄 여름 가을 겨울, 그리고 봄'을 촬영했던 주산지가 있는 경북 청송. 그 청정무구한 청송 땅에 방호정方壺亭이 자리하고 있다. 낙동강 상류에 해당하는 길안천의 바위 벼랑에 서 있는 방호정 일대는 풍광이 좋기로 널리 알려져 있다. 방호정에서 시작하는 신성계곡은 물이 맑고 '백석탄白石灘'으로 불리는 하얀 괴석들이 장관을 이룬다. 냇물이 휘돌아 가다 물결이 빨라지는 높은 암벽 위 절묘한 자리에 방호정이 서 있다.

방호정은 1619년(광해군 11) 조준도趙遵道(1576~1665)가 어머니 묘가 보이는 장소에 지은 정자였다. 이 당시의 이름은 풍수당風樹堂이었다. 풍수당은 "나무는 고요히 있고자 하나 바람이 그치지 않고, 자식은 부모를 봉양하고자 하나 기다려주지 않는다樹欲靜而風不止 子欲養而親不待"는 한시 구절에서 따온 이름이다. 살아계실 때 효도를 다하라는 의미이다. 부모가 돌아가신 후에 후회하는 용어가 '풍수지탄風樹之嘆'이다. 지금도 방호정 안에는 '풍수당'이라 적힌 커다란 편액이 걸려 있다.

방호정은 조준도의 호인 '방호方壺'에서 따온 것이다. '방호'는 신선이 사는 다섯 곳의 산 가운데 하나다. 봉래산·영주산·방호산·원교산·대여산이 그것이다. 조준도는 속세를 떠나 신선 같은 삶을 살고자 했다. 방호정에는 자신과 비슷한 취향을 가진 사람들이 드나들었다. 이들은 모두 신선 세계를 동경하는 의미의 별호를 가지고 있었다. 조준도 본인은 송학서하松鶴棲霞, 조형도趙亨道는 청계도사淸溪道士, 신집申㠎은 청학도인靑鶴道人을 자처하였다. 방호정은 여러 신선들의 놀이터였던 셈이다.

신선처럼 살고자 한 염원은 그 시대적 배경에서 비롯되었다. 그가 살던 시기는 혼란의 시대였다. 임진왜란, 광해군의 폭정, 정묘호란과 병자호란이 이어졌다. 그렇다고 그가 현실을 외면한 것만은 아니었다. 임진왜란 당시에는 두 형이 김성일金誠一과 곽재우郭再祐를 따라 의병으로 활약했다. 어머니를 모시기 위해 어쩔 수 없이 고향에 남아 있던 그는 "남아의 일이 어찌 이뿐이랴 / 모름지기 괴수 풍신수길의 목을 베어 와서 / 능연각 위에 내건 후에 / 창주로 돌아와 낚싯대를 드리우리라"라는 비분강개한 시를 남겼다. 그는 정묘호란 때는 사재를 털어 군수 물자를 조달하기도 했다.

사실 방호정은 정자라기보다는 집의 구조를 가지고 있다. 정면 2칸 측면 2칸의 대청마루, 이에 연결된 2칸의 온돌방이 있다. 온돌방 좌측으로 부엌과 방 1칸을 드려 전체적인 모양은 'ㄱ' 형태이다. 위에서 보면 마치 정면 2칸 측면 2칸의 대청마루에, 정면 4칸 측면 1칸의 방이 'ㄱ' 모습으로 붙어있다. 그래서 대청마루는 한쪽 면만 팔작지붕이고, 방의 양쪽 면은 맞배지붕으로 되어 있는 특이한 형태이다. 계류 쪽으로 조망을 좋게 하기 위해 칸마다 들어열개문을 달았다. 문을 내리면 전체가 방이 되고, 올리면 대청마루가 되는 구조이다.

방호정에는 정면 처마 아래에 '방호정'이라 쓰인 편액이 걸려 있고, 안에는 '풍수당' 편액과 방호정을 노래한 여러 현판들이 있다. 조준도는 자신이 지은 방호정에 대한 자부심과 어머니를 추모하는 다음과 같은 시를 남겼다.

誰道方壺在閬風　방호가 낭풍에 있다고 누가 말했나

偶來占得此山中　우연히 와서 이 산중에 자리 잡았네.

臺空卅載天慳久　이십 년간 빈 터전은 하늘이 아껴왔고

壁立千層鬼鏤工　천 길로 솟은 벼랑은 귀신의 솜씨로세.

特地寄觀屛裏畫　뛰어나고 기이한 경치는 병풍 속 그림이요

前人佳句筆端虹　옛 사람 아름다운 시구는 붓끝의 무지개라.

構亭只爲瞻邱壟　정자 지은 건 단지 어머니 묘 보려는 것

孤露人間五十翁　부모 여읜 내 몸 벌써 오십 늙은이네.

조준도와 교유하며 함께 신선 세계를 함께 꿈꾸던 창석 이준李埈의 시도 함께 걸려 있다. 이준은 방호정이 들어선 자리와 주위 풍광을 다음과 같이 노래했다.

曾從天柱御冷風　일찍 하늘 따라 찬바람 타고 놀았으니

道骨眞宜著此中　신선이 마땅히 여기에 자리 잡을만하네.

一片靈源天祕勝　높은 언덕 좋은 경치 하늘이 감추고

半空飛閣鬼輪工　반쯤 공중에 솟은 집은 귀신의 솜씨로세.

窓前列岫翔金鳳　창 앞의 봉우리는 금봉이 나는 듯하고

階下寒流遶玉虹　뜰아래 냇가는 옥무지개 두른 듯하네.

欲續舊遊吾老矣　옛 풍류 이으려 해도 내 이미 늙었으니

謾將詩句謝僊翁　하찮은 시 한 수로 신선에게 사례하리라.

경북 청도의 삼족대三足臺는 앞으로는 깊고 푸른 동창천東倉川이 내려다보이고, 뒤로는 비구니 사찰인 운문사雲門寺가 자리한 운문산이 펼쳐 있는 요산요수樂山樂水의 누정이다. 욕심 많은 누정 주인은 삼족대 주위에 담장을 쌓고 동창천과 운문산 양쪽으로 일각문을 내었다. 앞문으로 내려가 맑은 강물에 낚싯대 드리우고 세월을 낚다가 지루해질 즈음 삼족대에서 낮잠 한숨 자고, 다시 산에 올라 자연을 즐기는 모습이 그려진다.

삼족대는 기묘사화가 일어난 1519년(중종 14) 삼족당 김대유金大有(1479~1552)가 낙향하여 지은 정자이다. 그는 탁영 김일손金馹孫의 조카로 조광조趙光祖·주세붕周世鵬·조식曺植 등 당대의 거유들과 교유했던 인물이다. 송시열宋時烈은 김대유를 퇴계 이황李滉 등과 더불어 여섯 군자君子로 칭할 정도였다. 당시 김대유 집안도 대단했다. 아버지 김준손金駿孫과 김기손金驥孫, 김일손 세 형제가 모두 문과에 급제하였다.

하지만 김대유의 삶은 순탄하지 않았다. 그가 살던 시대는 이른바 사화士禍의 시대였다. 그는 숙부 김일손이 사초에 '조의제문弔義帝文'을 기록한 데서 비롯된 무

오사화로 인하여 아버지 김준손과 함께 남원에서 유배 생활을 하다 중종반정으로 풀려났다. 그 후 김대유는 현량과에 급제하였지만 1519년(중종 14) 다시 기묘사화가 일어나자 낙향하여 삼족대에서 후학을 양성하고 고향의 일을 돌보며 지냈다. 동갑 내기 고향 친구 박하담朴河淡과 의기투합하여 고향 청도에 사창社會 설치를 주도하여 주민의 편의를 도모하였다. 삼족대 아래의 '동창천東倉川'이라는 이름도 동쪽에 설치된 사창 곁을 흐르는 시내라는 의미이다. 그의 흔적은 삼족대를 비롯하여 동창천에도 남아 있다.

　배산임수의 경관 좋은 삼족대를 자주 찾은 대표적인 사람은 남명 조식曺植이었다. 조식은 퇴계 이황과 함께 영남학파의 영수로 평가되는 인물이다. 조식은 관직에 나가지 않고 학문 수양과 후학 양성에 전념하여 오래도록 사대부의 사표師表가 되었다. 그는 나이 차이가 많이 나던 김대유와 서로 교감하며 자주 왕래하였다. 김대유가 죽자 묘비명도 쓸 정도로 가까운 사이였다. 영웅호걸을 서로 알아본 셈이다. 조식이 김대유를 어떻게 생각하고 있었는지는 다음의 시에서 잘 드러나고 있다.

누정 산책

雲門四十年 而我作生客	운문 계곡 사십 년, 나는 생소한 나그네 되었구나.
有臺當其柢 如卦初一畫	누대가 그 아래 있는데, 주역 괘의 처음 한 획인 듯하네.
峭壁危入空 寒潭深無色	가파른 절벽은 하늘로 높게 치솟고, 차가운 못은 깊어 빛이 없구나.
緬懷三足翁 高捿此爲宅	아련히 삼족옹을 생각하니, 고상하게 은거하며 이곳에서 살았네.
經綸偃草萊 安榮傲侯伯	경륜을 품은 채 초야에 지내고, 군자의 기상으로 후백을 업신여기네.
名隨日月長 跡與雲水白	명성은 해 달 따라 길이 전하고, 행적은 구름 물과 함께 깨끗하네.
廢興付天公 登臨竦心魄	흥폐의 운수 하늘에 맡기고, 올라서니 혼백이 놀랍고 두렵구나.

  삼족대는 정면 3칸 측면 2칸의 팔작지붕이다. 자그마한 삼족대에는 2칸의 방과 강쪽으로 'ㄱ' 형태의 마루를 놓고 사방에 토담을 쌓았다. 정자에는 '삼족대'라고 쓰인 편액과 〈삼족대중수기〉를 비롯한 몇 개의 현판이 걸려 있다. 삼족대에서 멀지 않은 곳에 김일손과 김대유를 배향한 자계서원紫溪書院이 있다.

호남 땅의 〈삼한三寒〉
전주 **한벽당**

全州 寒碧堂

　　오랜 세월 동안 전라북도를 대표하는 도시 전주는 오늘날 대한민국 청년들이 가장 많이 방문하는 철도 여행지 중의 하나이다. 전주 하면 먼저 떠오르는 것은 명소로는 한옥마을과 경기전, 먹거리로는 비빔밥과 콩나물국밥이다. 이 같은 역사와 문화, 전통의 도시 전주에도 예로부터 8경이 있었다. 그중의 하나가 바로 '한벽당寒碧堂'이다.

　　전주의 한벽당은 전주천이 급히 꺾여 물살이 거세지는 승암산 자락 바위 절벽 위에 있다. 여러 누정이 그러하듯 자연경관을 조망하기 좋은 자리이다. 한벽당은 조선 초 태종 때 직제학으로 재임하던 월당 최담崔霮(1346~1434)이 관직에 미련을 버리고 낙향하여 만든 정자였다. 그의 아들 최덕지崔德之(1384~1455)도 마찬가지였다. 문종 때 예문관직제학이라는 영예로운 자리에 제수되었지만 이를 마다하고 아버지처럼 낙향하여 후학을 양성하며 지냈다. 부자의 이런 모습은 후대에 귀감이 되어 칭송이 자자했다.

　　한벽당의 처음 이름은 최담의 호를 따서 '월당루月塘樓'라 하였다. 그러다 여러

차례 월당루를 중수하면서 '한벽당'으로 바뀌었다. 면암 최익현崔益鉉이 지은 〈한
벽당중수기〉를 보면 "주자의 시에 '깎아 세운 푸른 모서리, 찬 못에 비쳐 푸르도다
削成蒼石稜 倒影寒潭碧'라는 구절이 있다. 한벽당이라 이름 지은 것은 혹 여기에서 따온
것이 아닌가 한다"라고 덧붙이고 있다. 이런 주자의 시는 누정이 들어선 자리와 잘
어울린다. 전주천의 물줄기가 휘돌아 가다 한벽당 절벽 아래 바위에 부딪치며 차고
푸른빛을 띠는 모습과 똑같다. 전주의 한벽당은 남원 광한루廣寒樓, 무주 한풍루寒風
樓와 더불어 호남의 삼한三寒으로 불린다.

　현재의 건물은 1828년(순조 28)에 중수한 것으로 자연 암반 위에 세워져 있다. 한
벽당은 정면 3칸 측면 2칸의 팔작지붕으로 전체가 마루인 구조이다. 사방에 계자
난간을 둘러 조망을 좋게 하였다. 오래된 연륜만큼 정자에는 한벽당이라 쓰인 편

액과 기문·시판들이 많이 걸려 있다. 한벽당 바로 옆에 근래에 복원한 요월대邀月臺가 있다.

한벽당과 연관된 여러 이야기가 전한다. 조선 후기 명필 창암 이삼만李三晩과 부채 장수 이야기이다. 전주에서 주로 활동하던 이삼만이 무더운 여름날 한벽당에서 쉬고 있었다. 그때 부채 장수가 땀을 뻘뻘 흘리며 한벽당에 올라와 장사가 안 된다며 투덜거리다 솔솔 부는 바람에 그만 잠이 들고 말았다. 깨어보니 부채에 온통 글과 그림이 그려져 있었다. 그것을 가지고 저자에 가니 손님들이 서로 사려고 해 다 팔았다는 이야기이다.

한말의 문인 한장석韓章錫의 《미산집眉山集》에는 한벽당에 올라 주위 풍광을 감상하며 감회에 젖은 '한벽당寒碧堂'이란 시가 실려 있다. 지금은 한벽당 앞으로 4차선 교량이, 뒤로는 굴이 뚫려 있어 예전의 모습과 많이 달라졌다.

驛亭楊柳離思長	역의 정자 버드나무에 이별 생각이 길고
落日驅車寒碧堂	석양 길 수레 몰아 한벽당에 이르렀구나.
馬上送春爲客久	말 위에서 봄을 보낸 나그네 신세 오래인데
江南幹事索遊忙	강남의 간사가 유람할 곳 찾기 바쁘다네.
綠灣夾澗峯雙角	초록 물굽이가 개울 끼고 두 봉우리 솟았는데
紅結飛樓水一方	붉은 꽃 맺힌 높은 누대는 물 한 쪽에 있누나.
直北鄕關愁不見	북쪽의 고향을 볼 수 없어 근심인데
白雲回首漢之陽	흰구름 뜬 한강 북쪽으로 머리 돌리네.

    전북 '무진장'과 더불어 오지 중의 오지인 임실. 임실 하면 먹거리로 임실치즈가 있고, 자연경관으로는 옥정호가 있으며, 전설 같은 '의견義犬' 이야기가 유명하다. 술 취해 쓰러진 주인을 구하기 위해 온몸에 물을 적셔 불을 끄고 주인이 깨어나니 개는 끝내 숨져 있었다는 충견 이야기이다. 그 개를 기리기 위해 그 마을의 이름은 '오수獒樹(개 나무 마을)'로, 냇물의 이름도 '오수천'으로 바뀌었다. 그 오수천이 흐르는 인근에 만취정晩翠亭이 자리하고 있다.

    만취정은 김위金偉(1532~1595)가 1572년(선조 5) 임실에 낙향하여 세운 정자이다. 정자의 이름은 그의 호 만취晩翠에서 따온 것이다. 호는 그 사람의 살아온 과정이나 신념이 반영되어 지어진다. 만취는 '겨울에도 변하지 않는 초목의 푸른빛'이라는 의미로 김위 자신이 그렇게 살고픈 마음을 담은 호라고 할 수 있다. 그는 사간원대사간 등의 요직을 거쳤으며 여러 고을의 수령이 되어 선정을 베풀었던 사람이다. 김위는 당대의 거유인 고봉 기대승奇大升 · 율곡 이이李珥 · 백호 임제林悌 등과 교유하였고, 이들의 시판이 지금도 만취정에 걸려 있다.

만취정은 정면 3칸 측면 3칸의 팔작지붕이다. 정면 좌측 2칸 측면 1칸가량의 방을 드리고 방을 에워싸며 마루가 놓인 구조이다. 일반적인 누정보다는 거주 공간이 더 중시된 형태이다. 정자를 에워싼 높은 담장을 둘렀고, 정면과 좌우 문을 통해 출입하게 만들었다. 지붕의 하중을 받치는 네 곳의 활주가 있다. 만취정 옆에 사적비가 세워져 있고, 여름날이면 배롱나무가 건물의 풍취를 높여준다. 정자에는 '만취정'이란 편액과 주인 김위와 고봉 기대승, 백호 임제 등의 시판이 걸려 있다. 백호 임제의 시를 통해 예전 만취정의 모습을 느껴본다.

蒼髯相對古溪潭	나이 들어 옛 시냇가 연못을 대하니
晚影澄波日夜含	맑은 물결 위에 황혼 빛 그림자 비치네.
瑤砌玉欄春有意	아름다운 섬돌과 난간에 봄의 정취 있으니
碧桃紅杏夢方酣	푸른 복숭아와 홍살구가 꿈속에 가득하구나.

고봉 기대승은 자신의 만장挽章을 지을 만큼 각별했던 김위의 시에 차운한 다음과 같은 시를 지었다. 두 사람의 시가 만취정에 나란히 걸려 있다.

平岡斗起控澄潭	평탄한 언덕에 우뚝 솟아 맑은 못 안고
鬱鬱雙松晚翠含	울창한 두 소나무 늦도록 푸르구나.
楊柳春光風不定	버들가지 봄빛은 바람에 흔들리고
溝塍秋色露爭酣	도랑과 밭두렁의 가을빛 이슬에 취하네.

자
연
스
레

마
음
이

비
워
지
는

곡
성 **함허정**

谷
城

涵
盧
亭

　　최근 섬진강 기차마을로 유명해진 전남 곡성에 함허정涵盧亭이라는 아름다운 누
정이 있다. 함허정은 곡성과 광양, 구례와 하동을 가르며 남해로 흘러들어가는 섬
진강 중류 언덕에 위치한다. 함허정은 이름 그대로 '비운 마음을 담아 두는 정자',
아니 '자연스레 마음이 비워지는 정자'이다.

　　함허정은 조선 중기 심광형沈光亨이란 인물이 1543년(중종 38년)에 지어 말년을 보
낸 곳이다. 처음에는 호연정浩然亭이라 했다. 다른 누정의 주인과 달리 심광형은 현
달한 인물이 아니었다. 효행으로 천거되어 그가 살던 마을 인근 곡성·남평·순
창·광양의 훈도訓導를 지낸 사람이었다. 함허정은 그런 그가 제월리에 세거하면서
군지촌정사涒池村精舍를 지을 때 마을 유림과 함께 즐길 요량으로 만든 정자였다. 앞
쪽으로 멀리 천마봉을 조망하며 아래로 섬진강을 내려다보는 함허정은 수목도 울
창하여 경관 좋은 누정으로 입소문이 났다. 때로는 옥과현감이 이곳에서 향음례鄕
飮禮를 베풀거나 유림들이 시모임을 하는 장소로 이용하기도 했다.

　　1842년(헌종 8) 옥과현감 최원崔瑗이 지은 누정기를 보면 함허정은 한양까지 그

이름이 알려질 정도였다. 최원은 1840년 옥과현감에 제수되어 고양군수로 옮길 때까지 4년 정도 옥과에 머물렀던 인물이다. 그 기문을 살펴보자.

내가 한양에 있을 때 호남에 이름난 두 곳의 정자가 있다고 들었다. 하나는 합강정合江亭이요, 다른 하나는 함허정이었다. 마침 옥과현감으로 부임하여 알아보니, 두 정자 모두 현의 동쪽 10~20리쯤 있었다. …… 그 이듬해 여름 큰 가뭄이 들어 들녘의 농사일을 살피다가 제호霽湖에 이르러 한 정자에 들러 잠깐 쉬었는데, 그곳이 함허정이었다. 뒤로는 높고 험준한 봉우리가, 앞으로는 평평한 호수가, 오른편으로는 울창한 숲이, 왼편으로는 삐죽삐죽 솟은 돌들이 있었다. 그 경치는 합강정 같으나 탁 트이고 환한 형세는 더욱 뛰어났다.

옥과현감 최원의 말대로 함허정은 주위 경관이 좋고 좌우로 보이는 조망 또한 뛰어났음을 알 수 있다. 지금 가 봐도 그렇다.

'함허정'이라 쓰인 편액은 호남의 명필 창암 이삼만李三晚의 글씨이다. 그 외 다른 누정처럼 아주 유명한 사람들의 시판은 별로 없다. 대부분 청송심씨 심광형의

후손들이 지은 시문이다. 하지만 그 시문을 보면 함허 정을 자주 다니며 조상을 기리는 마음에서 지은 만큼 고관대작의 시문보다 감미롭다. 9세손인 심두영沈斗永 이 지은 시이다.

野曠天晴古木愁	넓은 들 갠 하늘에 고목은 시름하는데
吾家九世一亭留	우리 가문 아홉 대를 내려온 정자 있네.
長江中屈龍巖出	긴 강물 굽이진 곳에 용바위 솟아있고
大界西虛瑞石浮	탁 트인 서쪽 빈 곳에는 서석산이 떠있누나.
村老投竿呼遠酒	촌로는 낚싯대 드리우고 멀리서 술을 찾는데
農人迎客載歸舟	농부는 나그네 맞아 배를 타고 돌아가네.
若爲如此千回構	만약 이번처럼 천 번이나 손본다면
流水高山共萬秋	흐르는 물 높은 산과 만년을 함께 하리.

　함허정은 막돌 층계를 따라 올라가 협문을 통해 들어간다. 우측을 제외하고 낮은 막돌 담장이 함허정을 둘러싸고 있다. 아래에서 보면 대나무와 울창한 숲에 가려 담장과 협문만 보인다. 함허정은 정면 4칸 측면 2칸의 팔작지붕이다. 현재 외진 곳이라 사람들이 잘 찾지 않는 함허정은 이름만큼 고요하고 허허롭다.

　우리나라 가사문학을 대표하는 송강 정철鄭澈(1536~1593)은 〈관동별곡關東別曲〉
〈성산별곡星山別曲〉〈사미인곡思美人曲〉〈속미인곡續美人曲〉과 같은 주옥같은 작품들을
남겼다. 이 가운데 〈사미인곡〉〈속미인곡〉은 동인의 탄핵을 받아 낙향하여 건축한
담양의 송강정松江亭에서 지은 것이다.

　사화와 당쟁의 시대로 불리던 당대에 송강 정철의 삶에는 여러 번 부침이 있었
다. 이 과정에서 송강 정철의 안식처이자 휴식처가 된 곳이 바로 담양이었다. 정철
과 담양과의 인연은 1551년(명종 6)으로 그의 나이 16세 되던 해에 시작되었다. 을사
사화로 아버지를 따라 유배지에서 생활을 하던 정철은 아버지가 유배에서 풀려나
면서 할아버지의 산소가 있던 담양 창평 땅에 자리를 잡게 되었다.

　담양은 그에게 옥토 같은 곳이었다. 그는 이곳에서 기라성 같은 학자인 임억
령·송순·김인후·기대승·김윤제 등에게 학문을 배웠고, 김성원·고경명 등과
교유하였다. 김성원이 성산(별뫼)에 건축한 식영정과 서하당을 노래한 〈성산별곡〉
도 정철이 25세 때 지은 것이다.

송강 정철은 문과에 장원급제한 1562년(명종 17)부터 1575년(선조 8)까지 요직을 역임하며 탄탄대로를 걷는 듯했다. 하지만 사림이 동인과 서인으로 나뉘어 당쟁이 시작되면서 그는 인생 후반부에 파란만장한 삶을 살게 되었다. 서인의 영수였던 송강 정철은 동인의 탄핵을 받아 여러 차례 사직과 파직, 복직의 과정을 되풀이하게 된 것이다. 이 과정에서 고향 담양에 은거하던 정철이 1580년 강원도관찰사에 임명되어 지은 것이 바로 〈관동별곡〉과 〈훈민가訓民歌〉였다.

그리고 대사헌 재임 중 다시 동인의 탄핵을 받아 1585년 50세의 나이로 담양에 내려와 지은 집이 바로 '송강정'이었다. 정철이 오가며 친교를 나누었던 담양의 소쇄원·면앙정·환벽당·식영정에 이어 송강정이 세워진 것이다. 식영정이 지어진 지 25년이 지난 후였다. 송강정은 죽녹천이 흐르는 천변 대나무와 소나무 숲 위에 우뚝 서 있다. 송강정은 '죽록정竹綠亭'이라 불리기도 했다. 지금도 송강정의 정면에는 '송강정', 측면에는 '죽록정'이라 쓴 편액이 걸려 있다.

정철은 4년 동안 송강정에 머물면서 〈사미인곡〉과 〈속미인곡〉을 지었다. '전후미인곡前後美人曲'으로 불리는 〈사미인곡〉과 〈속미인곡〉은 왕에 대한 신하의 충절을 지아비에 대한 아녀자의 애절한 사랑으로 바꾸어 표현한 작품이다. 은거하고 있는 자신의 처지를 대변한 것이었다.

이 몸 생겨날 때 임을 따라 생겨나니

한 평생 연분이며 하늘 모를 일이런가

나 하나 젊어 있고 임 하나 날 사랑하니

이 마음 이 사랑 견줄 데 다시 없네

평생에 원하기를 함께 살아가자 하였더니

늙어서 무슨 일로 홀로 두고 그리워하는가

……

차라리 죽어서 범나비 되오리라

꽃나무 가지마다 간 데 족족 앉았다가

향기 묻은 날개로 임의 옷에 옮기리라

임이야 나인 줄 모르셔도 내 임을 따르려 하노라

이러한 왕에 대한 충절의 간절함이 전달된 것일까. 1589년 정여립鄭汝立 모반 사건이 일어나자 우의정으로 복직되어 동인을 추방하였고, 이듬해엔 좌의정에 이르렀다.

송강정의 원래 건물은 임진왜란을 겪으면서 무너지고 지금의 건물은 1649년(인조 27) 후손들이 새로 지은 것이다. 송강정은 정면 3칸 측면 3칸의 팔작지붕이다. 정면에서 보면 중앙 1칸 뒤로 2칸의 방이 있고, 방을 'ㄴ' 형태로 둘러싼 세 방향에 1칸의 마루를 깔았다. 누정에는 '송강정'과 '죽록정'이라고 적힌 편액과 후손들이 남긴 몇 개의 현판이 걸려 있다. 지금도 키 큰 소나무와 대나무가 송강정을 지키고 있다.

참고문헌

원전

《동문선》, 《신증동국여지승람》, 《연려실기술》, 《조선왕조실록》, 기타 개인 문집

단행본

김건곤 외, 『동국여지승람 제영 사전 누정편』, 한국학중앙연구원출판부, 2017.

김대현 외, 『호남누정 기초목록』, 전남대 호남한문고전연구실, 2015.

김봉곤 외, 『섬진강 누정 산책』, 흐름, 2012.

김신중 외, 『담양의 누정기행』, 심미안, 2008.

박기용, 『거창의 누정문화』, 거창문화원, 2010.

박언곤, 『한국의 정자』, 대원사, 1998.

우응순, 『누정, 선비문화의 산실』, 한국학중앙연구원출판부, 2016.

이갑규, 김신곤, 김봉규, 『한국의 혼 누정』, 민속원, 2015.

이상배, 『서울의 누정』, 서울특별시 시사편찬위원회, 2013.

이창룡, 『누각과 정자에서 읊은 남도의 시정』, 푸른사상, 2007.

이창룡, 『누각과 정자에서 읊은 시세계』, 푸른사상, 2006.

임연태, 『정자에 올라 세상을 굽어보니』, 인북스, 2016.

정병호 외, 『경북의 누정 이야기』, 지성인, 2015.

허 균, 『한국의 누와 정』, 다른세상, 2009.

웹사이트

국사편찬위원회(조선왕조실록DB, http://sillok.history.go.kr)

한국고전번역원(한국고전종합DB, http://db.itkc.or.kr)

한국문화원연합회(지역N문화, http://www.nculture.org)

한국매일(남도 정자 기행, http://www.hankukmail.com/newshome/section.php?thread=21r 03r06r01)

경북일보(정자 시리즈, http://www.kyongbuk.co.kr/?mod=news&act=articleList&view_type= S&sc_code=1451475984)

누정 찾아보기

삶의 멋과 여유를 찾다

누정 산책

초판 1쇄 발행 2019년 5월 20일

지은이 김창현
펴낸이 홍종화

편집·디자인 오경희 · 조정화 · 오성현 · 신나래
　　　　　　김윤희 · 박선주 · 조윤주 · 최지혜
관리 박정대 · 최현수

펴낸곳 민속원
창업 홍기원 **편집주간** 박호원
출판등록 제1990-000045호
주소 서울시 마포구 토정로 25길 41(대흥동 337-25)
전화 02) 804-3320, 805-3320, 806-3320代)
팩스 02) 802-3346
이메일 minsok1@chollian.net, minsokwon@naver.com
홈페이지 www.minsokwon.com

ISBN 978-89-285-1308-6
S E T 978-89-285-1054-2　04380

ⓒ 김창현, 2019
ⓒ 민속원, 2019, Printed in Seoul, Korea

저작권법에 의해 한국 내에서 보호를 받는 저작물이므로 무단전재와 복제를 금합니다.
이 책 내용의 전부 또는 일부를 이용하려면 반드시 저작권자와 민속원의 서면동의를 받아야 합니다.
이 도서의 국립중앙도서관 출판시도서목록(CIP)은 서지정보유통지원시스템 홈페이지(http://seoji.nl.go.kr)와
국가자료공동목록시스템(http://www.nl.go.kr/kolisnet)에서 이용하실 수 있습니다. (CIP제어번호: CIP2019017096)

※ 책 값은 뒤표지에 있습니다.
※ 잘못된 책은 바꾸어 드립니다.